KB208164

천국의 이정표

요한계시록 강해와 나의 생애

이형구 지음

도서출판 b

이형구 목사

이형구 목사 가족

천국의 이정표

하나님이 이 시대에 귀하게 사용하신 종

고용일 목사

(대전선창교회 원로목사)

세상에는 하나님의 부르심을 받고 세움을 받아 사역하는 일꾼들이 많습니다. 그런데 그 많은 하나님의 일꾼들 중에서도 이형구 목사님은 하나님이 특별히 이 시대에 귀하게 사용하신 일꾼이라고 하겠습니다.

저는 62년 전에 고 김형태 목사님(당시 강사)이 인도하시는 부흥 성회에서 이형구 목사님(당시 전도사)을 처음으로 만났습니다. 그 이후로 우리 두 사람은 사명의 동지로서, 가까운 친구로서 오늘까지 변함이 없는 우정으로 서로 도우며 살고 있습니다. 저는 지금도 김형태 목사님이 인도하시는 부흥 성회에서 이형구 목사님이 성령의 큰 능력을 받고 교회 마룻바닥에 쓰러졌던 때를 기억합니다. 아마도 이 목사님은 성령의 능력을 크게 체험한 이후로 큰 변화가 일어난 것 같이 보입니다. 우리 두 사람은 부흥 성회에서 만난 이후로 함께 다니며 기도하고 많은 연단을 받았습니다. 특히 충북 속리산에서 기도하며 연단 받았던 일을 잊을 수 없습니다. 우리 두 사람은 속리산 감람산기도원에서 기거하면서 산에 올라가 부르짖는 기도를 많이 하였습니다. 그때는 겨울이었고 산에는 눈이 덮여 있었습니다. 이형구 목사님은 체구도 컸지만, 음성도 컸습니다. 그의 큰 기도 소리는 산천을 크게 울렸습니다. 이형구 목사님은 속리산에서 기도에 힘쓰셨을 뿐 아니라 개척 교회를 인도하시면서 많은 고난을 받았습니다. 굶기도 많이 하였습니다. 이형구 목사님의 오늘이 있기까지에는 많은 기도와 연단이 있었으며 고 김형태 목사님의 지도와 보살핌이 있었습니다.

이형구 목사님은 성령의 큰 능력을 체험하고 부르짖는 기도와 많은 연단을 받은 후에 신학교를 졸업하고 목사가 되어 성결교단 여러 교회에서 승리로운 목회를 하였습니다. 이형구 목사님이 마지막으로 목회한 교회는 강릉성결교회였습니다. 이형구 목사님은 과거 어느 교회에서보다 강릉성결교회에서 교회를 크게 부흥시키고 많은 역사를 이루었습니다.

이형구 목사님은 목회에서 승리하였을 뿐 아니라 부흥 운동을 크게 전개하였습니다. 전국에 다니면서 많은 부흥 성회를 인도하였습니다. 저와는 임마누엘세계선교회를 조직하여 함께 여러 지방에 다니면서 부흥 성회를 인도하였습니다. 또한 이형구 목사님은 세계 선교의 사명감을 갖고 미국을 비롯하여 여러 나라에 다니며 복음을 널리 전파하였습니다. 그리고 이형구 목사님은 지도력이 뛰어난 분으로 성결교단 총회를 위해서도 많은 일을 하였습니다. 이형구 목사님은 주님께서 맡겨주신 사명을 끝까지 감당하려고 현재 대전에서 목회하는 여러 목사님들에게 요한계시록을 강의하고 있습니다. 끝까지 사명을 위해 힘쓰는 모습은 후배 동역자들에게 감동을 주는 일이 아닐 수 없습니다.

이형구 목사님은 자서전을 내면서 『요한계시록이 보여주신 천국의 이정표』라는 글도 함께 펴냈습니다. 요한계시록은 성경에서 제일 난해한 말씀입니다. 요한계시록 주해만도 수백 가지에 이른다고 합니다. 이렇게 난해한 요한계시록의 말씀을 『요한계시록이 보여주신 천국의 이정표』라는 글을 통하여 잘 이해할 수 있게 되리라고 생각합니다. 고 김형태 목사님의 요한계시록 강해를 토대로 하여 기록한 글이므로 읽는 사람들에게 크게 유익이 있을 것입니다. 아무쪼록 이형구 목사님의 자서전을 읽는 모든 사람들에게 큰 복이 임하기를 기원합니다.

주님 앞에서 사명의 길을 걸으신 목사님

김성철 목사
(용문장로교회 위임목사, 성산수도원 원장)

존경하는 이형구 목사님께서 이번에 『천국의 이정표』를 발간하셨습니다.

목사님은 참으로 부족한 저를 갓난아이 때부터 아껴 주시고 늘 기도해 주시고 사랑해 주신 하나님의 사자님이십니다.

그 인격과 삶을 흠모하는 가운데, 이렇게 복음 안에서 연구하신 것을 엮으신 것과 하나님의 인도함을 받으신 삶을 회고하며 집필하신 자서전을 대하니 너무도 기쁘고 감사한 것밖에는 없습니다.

1부는 "요한계시록이 보여주신 천국의 이정표"로, 2부는 이형구 목사님의 자서전인 "나의 생애"로 꾸며져 있습니다.

"요한계시록이 보여주신 천국의 이정표"는 이제까지 배우시고 연구하시고 실천하시고 설교하시고 강론하신 모든 것의 결정체인 듯합니다. 천국에 다다르기까지 성경 말씀 속에 계시된 사건과 과정을 깊이 있게 설명하시고 일깨워 주시고 계십니다. 목사님은 지금까지도 후배 목사님들의 성경 연구 모임을 이끄시고 온 힘을 다하여 격려하시고 가르치시길 쉬지 않고 계시는데, 이 책의 내용이 바로 그 교안 중 일부분이라 생각됩니다.

　　"나의 생애"는 목사님 특유의 꾸밈없으신 필체로 후배들과 성도들이 스스로를 뒤돌아보며 하나님의 이끄시고 인도하시는 손길을 갈망하게 합니다. 담담히 쓰인 글을 대하면 목사님의 하나님 사랑의 순전함 그리고 올곧은 심령의 심지를 엿볼 수 있습니다. 목사님은 평생을 사명자로 준비하시고 연단 가운데 목회자로 부흥사로 그리고 세계 선교를 위하여 헌신하셨습니다. 그리고 속하신 성결교단을 위하여 늘 기도하시고 힘쓰시는 가운데 하나님께 큰 영광을 돌리며 은퇴를 하셨고, 지금도 그 아름다운 역사를 쉬지 않으시고 모든 이의 본이 되고 계십니다. 이 모든 면면을 우리는 목사님의 자서전을 통하여 보게 될 것입니다.

　　늘 순전한 마음으로 하나님을 바라보시며 그저 묵묵히 주님 앞에서 사명의 길을 걸으신 목사님은 우리의 모범이 되시며 곁에 계시다는 것 하나만으로도 큰 힘이 되시는데, 이렇듯 『천국의 이정표』를 펴내셔서 모두에게 도움을 주시니 감사할 것밖에는 없습니다.

　"하나님, 영광 받으소서! 목사님 더욱 강건하셔서 오는 세대들에게 용기를 주세요."

　이 책을 대하는 이마다 목사님을 이끄시고 인도하신 하나님의 손길을 다 체험하시기를 간절히 기도드립니다.

　할렐루야!

하나님께 영광과 감사를 드립니다

이형구 목사

(강릉성결교회 원로목사)

먼저 저에게 『천국의 이정표』라는 이름으로 그리고 저의 자서전을 함께 묶어 서책을 내놓도록 힘과 용기를 주신 하나님께 영광과 감사를 드립니다. 수년 전부터 사명의 동지들과 친구들이 자서전을 남겨야 되지 않겠느냐 하면서 권면도 하고 기대한다는 말씀을 주시기도 하였습니다. 친히 전기를 써주시겠다고 하며 결정하라는 말씀을 듣기도 하였습니다. 그러나 대답하지 못하고 차일피일 세월만 보냈는데, 어느 날 밤 기도 시간에 너도 후대에 하나님께 영광이 되고 교회에 유익이 되는 흔적을 남겨야 되지 않겠는가 하는 감동을 받았습니다. 그래서 글 쓰는 능력은 부족하지만, 제가 깨달은 말씀과 그리스도인으로, 주의 종으로 살아온 인생의 자취를 직접 쓰게 되었습니다.

『요한계시록이 보여주신 천국의 이정표』는 예언의 말씀을 성경이 보여주신 대로 깨달은 것을 적은 것입니다. 이것이 함께 공유됨으로써 역사의 종말을 살아가는 성도들과 주의 사자들에게 조금이나마 도움이 되기를 바랍니다. 자서전으로 인하여서도 신앙생활과 사명을 감당하시는 많은 분들에게 작은 도움이나마 된다면 저의 적은 정성과 노력을 보람 있게 생각하겠습니다.

이 지면을 통해서 지금까지 저를 위해 기도해 주시고 사랑해 주신 모든 분들에게 감사의 인사를 드립니다. 특히 섬기던 강릉성결교회 당회와 온 성도님들에게 감사를 드립니다.

끝으로 이 서책을 출판해 주신 '도서출판 b'의 조기조 사장님과 수고해주신 여러 분께 감사를 드립니다.

| 차례 |

1부 요한계시록이 보여주신 천국의 이정표

2부 나의 생애

1부

요한계시록이 보여주신 천국의 이정표

미켈란젤로 부오나로티, <최후의 심판>, 바티칸 시스티나 성당

머리말

성경은 구약 39권과 신약 27권을 합해서 66권 가운데 어느 책이든

"모든 성경은 하나님의 감동으로 된 것으로 교훈과 책망과 바르게 함과 의로 교육하기에 유익하니 이는 하나님의 사람으로 온전하게 하며 모든 선한 일을 행할 능력을 갖추게 하려 함이라"(딤후 3:16~17) 하였으며,

"또 우리에게는 더 확실한 예언이 있어 어두운 데를 비추는 등불과 같으니 날이 새어 샛별이 너희 마음에 떠오르기까지 너희가 이것을 주의하는 것이 옳으니라. 먼저 알 것은 성경의 모든 예언은 사사로이 풀 것이 아니니, 예언은 언제든지 사람의 뜻으로 낸 것이 아니요 오직 성령의 감동하심을 받은 사람들이 하나님께 받아 말한 것임이라"(벧후 1:19~21) 하였습니다.

요한계시록이 보여주신 천국의 이정표는 주님의 사랑하시는

제자 요한이 성령의 감동을 받아 기록한 것입니다.

계시록 1장 10절의 말씀을 보면 "주의 날에 내가 성령에 감동되어 내 뒤에서 나는 나팔 소리 같은 큰 음성을 들어" 기록했다고 하였습니다. 무엇을 기록한 것입니까? 요한은 자기가 본 것을 계시록 1장과 3장의 아시아의 일곱 교회에 편지를 써서 보냈던 것입니다.

계시록 4장 1절 이하의 말씀도 보면, 하늘에 열린 문이 있는데 요한에게 음성이 들리기를, 계시록 1장 10절에서와 같은 나팔 소리 같은 음성으로 "이리로 올라오라 이후에 마땅히 일어날 일들을 내가 네게 보이리라" 하였습니다. 그때에 요한이 성령에 감동되어 주님 계신 천국 보좌에 올라가 마땅히 종말에 일어날 일들을 계시록 4장에서 22장까지 기록할 수 있게 되었던 것입니다.

요한계시록은 참으로 이해하기 어려운 책이라고 말하는 이들이 많습니다. 종교개혁자 루터는 자기가 모든 성경을 번역했으면서도 요한계시록은 어렵다고 강해를 삼갔습니다. 칼빈 선생도 모든 성경을 강해했지만 요한계시록은 어려운 책이라고 하며 3장까지만 강해하고 4장부터는 덮어두고 말았습니다.

저도 계시록을 바로 이해하고 깨닫기 전에는 2장과 3장의 교회론에 관해서는 설교를 많이 했지만, 이후에 마땅히 일어날 일들에 대해서는 확신이 없었고 이해가 되지 않았습니다. 그래서 50대 후반까지 저는 계시록에 관한 강해나 설교는 생각지도 못하고 사복음서나 사도행전 그리고 서신 중심으로 화평의 복음을 전하는 데 맴돌고 있었습니다.

저는 저를 전도해서 예수를 믿게 하시고 구원받아 하나님의 종으로 세움 받게 해주신 존경하는 김형태 목사님께서 20대부터 부흥사로 역사하실 때 수도원 성회는 물론 각처에서 인도하시는 부흥 성회에 참여하여 성경 말씀을 배우고 성령의 은혜를 받아 믿음을 지키며 사명을 감당했습니다. 김형태 목사님께로부터 하나님과 예수님과 성령에 관해 그리고 교회와 기도와 은사에 관해 성경 말씀을 많이 배우고 도움을 받으며 깨달은 대로 열심히 헌신하여 목회하려고 노력해 왔던 것입니다.

그러던 중 저는 목사님께로부터 하나님의 종으로 헌신하는 사람들은 반드시 세 가지를 분별하고 일할 때에만 실패하지 아니하고, 주께서 기뻐하시고 하나님께 합당한 사람으로 역사할 수 있다는 것을 알게 되었습니다. 이 점은 마지막 때를 살아가고 있는 주의 종들과 성도들 모두에게 동일하다고 생각합니다.

첫째로, 우리는 영을 분별할 줄 알아야 합니다. 요한1서 4장 1절을 보면 "사랑하는 자들아 영을 다 믿지 말고 오직 영들이 하나님께 속하였나 분별하라 많은 거짓 선지자가 세상에 나왔음이라"고 하였습니다.

둘째로, 진리를 분별할 줄 알아야 합니다. 디모데후서 2장 15절을 보면 "너는 진리의 말씀을 옳게 분별하며 부끄러울 것이 없는 일꾼으로 인정된 자로 자신을 하나님 앞에 드리기를 힘쓰라"고 하였습니다.

셋째로, 때를 분별할 줄 알아야 합니다. 마태복음 24장 45~46절을 보면 "충성되고 지혜 있는 종이 되어 주인에게 그 집 사람들을 맡아 때를 따라 양식을 나눠 줄 자가 누구냐 주인이 올 때에 그 종이 이렇게 하는 것을 보면 그 종이 복이 있으리로다"라고 하였으며, 마태복음 16장 1~3절을 보면 "바리새인과 사두개인들이 와서 예수를 시험하여 하늘로부터 오는 표적 보이기를 청하니 예수께서 대답하여 이르시되 너희가 저녁에 하늘이 붉으면 날이 좋겠다 하고 아침에 하늘이 붉고 흐리면 오늘은 날이 궂겠다 하나니 너희가 날씨는 분별할 줄 알면서 시대의 표적은 분별할 수 없느냐"고 하였습니다.

우리는 이 세 가지를 옳게 분별해야 하나님의 사람으로서 실족하지 않고 신앙생활을 바로 할 뿐만 아니라 사명도 바로 감당하게 될 것입니다.

저 사람이 성령의 사람이냐, 악령의 사람이냐!

저 사람이 진리의 사람이냐, 비진리의 사람이냐!

저 사람이 시대에 맞게 역사하느냐, 그렇지 못하느냐!

이는 보통 문제가 아니고 참으로 귀중한 문제입니다. 사느냐, 죽느냐! 그리스도의 사람이냐, 마귀의 사람이냐! 천국에 갈 사람이냐, 지옥에 갈 사람이냐! 이 세 가지에 따라 인생의 운명이 완전히 달라지고, 행복과 불행, 축복과 저주로 갈라지는 것입니다.

어떤 이는 말하기를 말씀 충만하고 성령 충만하면 영을, 진리를, 때를 분별할 수 있다고 합니다. 예, 옳은 말씀입니다. 그러나 저의 목회생활 45년과 70세 정년 은퇴 이후 15년을 보내면서 경험한 지난날을 회고하고 오늘날의 교회가 보여주는 현상을 살펴보면, 말씀 충만하고 성령 충만하다는 분들 가운데는 악령에 속고 진리에서 탈선하고 때를 옳게 분별하지 못하여 패가망신하는 분들도 많이 있었습니다.

요한계시록이 보여주신 천국의 이정표는 때를 중심한 말씀입니다. 어느 때를 말씀하는 것입니까?

계시록 1장 3절을 보면 "이 예언의 말씀을 읽는 자와 듣는 자들과 그 가운데 기록한 것을 지키는 자는 복이 있나니 때가 가까움이라" 하였습니다. 여기서 이 예언의 말씀은 요한계시록이요, 때는 예수님의 재림을 초점으로 하여 말씀하신 것입니다.

그렇기에 계시록 22장 6~7절을 보면 천국의 이정표라고 할 수 있는 모든 말씀을 하시고, "또 그가 내게 말하기를 이 말은 신실하고 참된지라 주 곧 선지자들의 영의 하나님이 그의 종들에게 반드시 속히 되어질 일을 보이시려고 그의 천사를 보내셨도다, 보라 내가 속히 오리니 이 두루마리의 예언의 말씀을 지키는 자는 복이 있으리라"고 말씀하셨습니다.

또한 계시록 1장 1절을 보면 "예수 그리스도의 계시라 이는 하나님이 그에게 주사 반드시 속히 일어날 일들을 그 종들에게 보이시려고 그의 천사를 그 종 요한에게 보내어 알게 하신 것이라"고 하였습니다.

그러니까 계시록의 제1장으로부터 22장까지의 말씀을 하나님께서는 예수 그리스도에게, 예수 그리스도는 천사에게, 천사는 사도 요한에게 알게 하여 당시 초대교회뿐만 아니라 우리들까지도 알게 하신 것입니다.

어떤 이는 요한계시록을 강해할 때 계시록 1장 1절의 "예수 그리스도의 계시라"는 말씀을 중심으로 다섯 가지로 구분하여 가르칩니다.

① 계시록 1장은 십자가에서 죽으시고 부활하신 예수 그리스도께서 사도 요한에게 나타나 보이셨다는 것입니다.

② 계시록 2장~3장은 교회의 주인 되시는 예수 그리스도께서 흠 없고 완전하고 승리하는 교회가 되기를 바라시고 권면하셨다는 것입니다.

③ 계시록 4장~5장은 천국의 영광 가운데 계신 예수 그리스도께서 찬양과 경배를 받으시기에 합당하신 모습을 보여주고 계시다는 것입니다.

④ 계시록 6장~18장은 역사의 주인 되시는 예수 그리스도께서 심판하시는 모습을 보여주고 있다는 것입니다.

⑤ 계시록 19장~22장은 역사의 완성자가 되시는 예수 그리스도께서 재림하심으로써 이루어지는 천년왕국과 새로운 하늘 새로운 땅의 영원한 천국을 보여주고 있다는 것입니다.

그리고 어떤 이는 계시록 1장 19절의 "그러므로 네가 본 것과 지금 있는 일과 장차 될 일을 기록하라"는 말씀을 중심으로 하여 셋으로 구분하여 가르치기도 하였습니다.

① 계시록 1장은 "네가 본 것"입니다. 사도 요한이 예수 그리스도를 밧모 섬에서 만나본 것을 말합니다.

② 계시록 2장~3장은 "지금 있는 일"입니다. 당시 현존한 아시아 일곱 교회의 일들을 말합니다.

③ 계시록 4장~22장은 "장차 될 일"입니다. 예수 그리스도께서

재림하시기 전에 일어날 일과 재림하신 후의 일입니다.

다섯으로 구분하여 강해하든 셋으로 구분하여 강해하든 둘
다 계시록을 이해하고 예언자로서 증거하는 데는 옳게 보았다고
하겠습니다. 중요한 것은 그 내용의 말씀을 어떻게 이해하였는가
하는 것입니다.

제가 사명감을 가지고 이 말씀을 이해하고 확신을 가지고 떳떳
이 담대하게 증거할 수 있게 된 것은 다음의 일이 계기가 되었습니
다. 기억이 확실하지는 않지만, 60년대 어느 해 여름에 김형태
목사님께서 여러 분(최용문 목사, 홍신균 목사, 강진선 목사, 유세림
목사)을 특별히 초대하여 대구 주변의 어느 시골 정자가 있는
한적한 곳에서 함께 예배하며 10일 동안 집중적으로 요한계시록의
말씀을 연구하고 토론하는 데 힘쓴 일이 있었습니다. 당시 저도
참석했습니다.

그때부터 저는 계시록을 이해하고 깨닫기 시작하였으며, 계속
해서 성산수도원에서 개최되는 사명자 성회에 참석하는 가운데
더욱 밝아졌고, 때를 따라 양식을 나눠주는 충성된 종으로서 기회
있을 때마다 주께서 전도의 문을 열어주시는 대로 역사하였습니다.
특히 기억나는 것은 성산수도원 집회 시에 김형태 목사님이 다니엘
7장 말씀을 강의하시는 중에 하신 천국의 이정표라는 말씀을 들은
일입니다. 성령의 감동이 저에게 나타나는데, 성경의 창세기부터
요한계시록까지 그 전체를 천국의 이정표로 깨닫게 되어 이제
그것을 천국의 이정표라는 제목 하에 기록하게 되었음을 말씀드립
니다.

1. 천국의 이정표를 계시하신 예수님

예수님께서 천국의 이정표를 언급하시는 것을 살펴보면, 십자가에 돌아가시기 전과 죽으신 후 사망 권세 이기시고 부활하시고 승천하신 후 사도 요한을 천상의 주님의 보좌로 이끌어 올리시어 말씀하셨다는 것을 알 수 있습니다.

십자가에 돌아가시기 직전에는 감람산 대화라고도 하고 감람산 설교라고도 하는(마 24장, 막 13장, 눅 21장) 말씀에서 잘 나타내 보이고 있습니다.

마태복음 24장 1절 이하에 보면 "예수께서 성전에서 나와서 가실 때에 제자들이 성전 건물들을 가리켜 보이려고 나아오니 예수께서 이르시되 너희가 이 모든 것을 보지 못하느냐 내가 진실로 너희에게 이르노니 돌 하나도 돌 위에 남지 않고 다 무너뜨려지리라"고 하셨습니다. 예수님께서 감람산 위에 앉으셨을 때에 제자들이 조용히 물었습니다. ① 어느 때에 이런 일이 있겠사오며, ② 또 주의 임하심과, ③ 세상 끝에는 무슨 징조가 있겠니까? 여기에 답변하여 주신 것을 마태와 마가와 누가가 복음서에 언급하였는데, 저는 그 말씀들을 한마디로 묶어서 천국의 이정표라고 보았습니다.

감람산에서 예수님께로부터 직접 말씀을 들은 제자들은 마가복음 13장 3절을 보면 베드로와 야고보, 요한과 안드레라고 기록되어 있습니다. 그 가운데 요한이 기록한 요한계시록은 예수님께서 종말에 관해 십자가에서 돌아가시기 전에는 감람산에서 그리고 부활 승천하신 후에는 밧모섬에 나타나셔서 말씀해 주신 것입니다. 그리고 그 가운데 제1장에서 3장까지는 지상에서 말씀하신 것을, 제4장에서 22장까지는 이리 올라오라 하심으로 천상에서 보고 들은 것을 요한으로 하여금 기록하게 하신 것입니다.

그러하기에 공관복음에서 말씀하신 종말론(천국의 이정표)과 요한계시록에서 말씀하신 종말론(천국의 이정표)은 동일하고 일치하는 것으로 보아야 하며, 또한 확실히 동일하고 일치하는 것입니다. 왜냐하면 예수님이 하나의 같은 입으로 언급하셨기 때문입니다.

히브리서 6장 17~18절을 보면 "하나님의 약속을 기업으로 받는 자들에게 그 뜻이 변하지 아니함을 충분히 나타내시려고 그 일을 맹세로 보증하셨나니 이는 하나님이 거짓말을 하실 수 없는 이 두 가지 변하지 못할 사실로 말미암아 앞에 있는 소망을 얻으려고 피난처를 찾은 우리에게 큰 안위를 받게 하려 하심이라"

하였습니다.

하나님은 두 가지를 맹세로 보증하셨습니다. 하나는 하나님이 거짓말을 하실 수 없다는 것과, 또 하나는 하나님의 약속을 기업으로 받는 우리 성도들을 향한 하나님의 뜻이 변하지 않는다는 것입니다.

공관복음에서 언급하신 종말에 관한 말씀과 요한계시록에서 언급하신 종말에 관한 말씀은 절대적이고도 참으로 동일한 내용으로, 그 말씀은 확실한 천국의 이정표라 하겠습니다.

2. 일곱 인으로 보여주신 천국의 이정표

저는 계시록 6장과 7장을 한 막의 천국의 이정표로 보았습니다. 계시록 6장에서는 일곱 인으로 봉한 책 가운데 여섯째 인까지를 떼시는데, 인마다 어린양 예수님께서 떼신 것입니다. 이것이 당연한 것은 계시록 5장 1절 이하에서 "보좌에 앉으신 이의 오른손에 두루마리가 있었고 안팎으로 썼고 일곱 인으로 봉하였더라"라고 하였고, 이어서 "힘 있는 천사가 큰 음성으로 누가 그 두루마리를 펴며 그 인을 떼기에 합당하냐 할 때 하늘 위에나 땅 위에나 땅 아래에 능히 그 두루마리를 펴거나 보거나 할 자가 없다"고 하였기 때문입니다.

천상에 올라간 요한은 얼마나 기쁘고 좋았겠습니까? 그런데 일곱 인으로 봉한 두루마리 책으로 인하여 크게 울게 되었습니다. 계시록 4장 1절에서 "이리로 올라오라 이후에 마땅히 일어날 일들을 네게 보이리라" 하여 주님 계신 하늘 보좌에까지 올라간 요한은 그 두루마리에 분명히 천상천하에 누구도 알 수 없는, 이후에 마땅히 일어날 내용이 감추어져 있을 것이라고 생각했을 것이고, 그 누구도 그리고 자기 자신까지도 그 인을 뗄 수 없어 크게 울 수밖에 없었을 것입니다. 분명히 일곱 인으로 봉한 이 두루마리 안에 이후에 마땅히 일어날 일들이 기록되어 있을 것이라고 믿어서 울었을 것입니다.

이때 장로 중의 한 사람이 요한에게 말하기를 "울지 말라" 하시며 "유대 지파의 사자 다윗의 뿌리가 이겼으니 그 두루마리와 그 일곱 인을 떼시리라" 하였습니다.

다윗의 뿌리로 이긴 자가 누구입니까? 십자가로 이기신 어린 양 예수 그리스도입니다. 계시록 1장 8절을 보면 유대 지파의 사자 예수 그리스도는 "알파와 오메가라 이제도 있고 전에도 있었고 장차 올 자요 전능한 자"입니다. 그분은 전체 역사 속에 현존하여 인생의 희로애락과 생사화복은 물론 전 세계 국가의 흥망성쇠를 주관하시고 마침내 만물을 새롭게 하실 분이십니다. 그러니 당연히 그분만이 그 두루마리와 그 일곱 인을 떼실 것입니다. 그러므로 계시록 6장 1절에서 보듯이 일곱 인을 하나씩 떼시는 장면에서 어린 양 예수 그리스도께서 그것을 떼신 것은 당연하다 하겠습니다.

어린 양이 첫째 인을 떼셨습니다. "흰 말이 있는데 그 탄 자가 활을 가졌고 면류관을 받고 나아가서 이기고 또 이기려고 하더라"

하였습니다.

둘째 인을 떼실 때에 붉은 말이 나오는데, "그 탄 자가 허락을 받아 땅에서 화평을 제하여 버리며 서로 죽이게 하고 큰 칼을 받았더라" 하였습니다.

셋째 인을 떼실 때에는 "검은 말이 나오는데 그 탄 자가 손에 저울을 가졌고", 동시에 음성이 들리기를 "한 데나리온에 밀 한 되요 한 데나리온에 보리 석 되로다 또 감람유와 포도주는 해하지 말라" 하였습니다.

넷째 인을 떼실 때에는 "청황색 말이 나오는데 그 탄 자의 이름은 사망이니 음부가 그 뒤를 따르더라" 하고, 그들은 "땅 사분의 일의 권세를 얻어 검과 흉년과 사망과 땅의 짐승들로써 죽이더라" 하였습니다.

그런데 다섯째 인과 여섯째 인의 말씀을 상고하기 전에 먼저 생각해 볼 것이 있습니다. 네 가지 색깔로 보여주신 네 말은 도대체 무엇을 뜻하는 것일까요?

그동안 여러 성경학자들이 해석한 내용을 보면, 어떤 이는 흰 말은 복음 또는 예수님을, 붉은 말은 전쟁을, 검은 말은 기근을, 청황색 말은 질병, 지진 등으로 인한 죽음을 의미한 것으로 가르칩니다. 그런가 하면 어떤 이는 흰 말은 적그리스도를, 붉은 말은 전쟁을, 검은 말은 기근을, 청황색 말은 질병과 지진 또는 죽음으로 가르칩니다. 또한 어떤 이는 흰 말은 천주주의, 붉은 말은 공산주의, 검은 말은 자본주의, 청황색 말은 회색주의로 풀이하고 있습니다.

그러면 어떻게 보는 견해가 바르게 해석한 것일까요? 저는 이렇게 생각합니다. 우리가 성경을 대할 때 이해하기 힘든 부분은 자신의 어떤 견해나 어떤 학자들의 견해에 의존하여 해석할 것이 아닙니다. 우리는 성경을 성경이 해석해 주시고 답해 주시는 대로 알아야 합니다. 왜냐하면 성경 말씀에는 말씀마다 짝이 있기 때문입니다.

이사야 34장 16절을 보면 "너희는 여호와의 책에서 찾아 읽어보라 이것들 가운데서 빠진 것이 하나도 없고 제 짝이 없는 것이 없으리니 이는 여호와의 입이 이를 명령하셨고 그의 영이 이것들을 모으셨음이라" 하였습니다. 그래서 어떤 분은 구약은 신약을 전제로 하고 있고, 신약은 구약을 배경으로 하고 있다고 하였습니다.

그렇다면 제6장에 등장한 네 가지 색깔의 말들도 짝을 찾아보면 확실하게 이해될 수 있지 않겠습니까?

이 말들과 짝이 되는 말씀을 찾아보면, 스가랴 1장 7~11절에서는 "한 사람이 붉은 말을 타고 골짜기 속 화석류나무 사이에 섰고 그 뒤에는 붉은 말과 자주빛 말과 백마가 있기로 내가 말하되 내 주여 이들이 무엇이니이까 하니 내게 말하는 천사가 내게 이르되 이들이 무엇인지 내가 네게 보이리라 하니 화석류나무 사이에 선 자가 대답하여 이르되 이는 여호와께서 땅에 두루 다니라고 보내신 자들이니라" 하였습니다.

또한 스가랴 6장 1~8절을 보면, "첫째 병거는 붉은 말들이, 둘째 병거는 검은 말들이, 셋째 병거는 흰 말들이, 넷째 병거는 어룽지고 건장한 말들이 메었는지라 내가 내게 말하는 천사에게 물어 이르되 내 주여 이것들이 무엇이니이까 하니 천사가 대답하여 이르되 이는 하늘의 네 바람인데 온 세상의 주 앞에 서 있다가 나가는 것이라 하더라 검은 말은 북쪽 땅으로 나가고 흰 말은 그 뒤를 따르고 어룽진 말은 남쪽으로 나가고 건장한 말은 나가서 땅에 두루 다니고자 하니 그가 이르되 너희는 여기서 나가서 땅에 두루 다니라 하매 곧 땅에 두루 다니더라 그가 내게 외쳐 말하여 이르되 북쪽으로 나간 자들이 북쪽에서 내 영을 쉬게 하였느니라"고 하였습니다. VIP 성경에서는 "하나님의 마음을 시원케 하였느니라"고 말씀하시고 있습니다.

저로서는 요한계시록 6장의 네 색깔의 말과 스가랴서 1장의 세 색깔의 말과 스가랴 6장의 네 색깔의 말이 짝을 이루고 있다고 생각하면 이해가 바로 될 것이라고 생각합니다. 그러니까 이 말들은 하늘의 네 바람인데 온 세상의 주 앞에 서 있다가 나가는 것이라 하였고, 땅에 나가 두루 다니되 남쪽으로 혹은 북쪽으로 다니는데 북쪽으로 나간 자들이 주님의 영을 쉬게 하였다는 말씀을 보면, 그 말들은 하나님이 사용하시는 영적 사자들이라 할 수 있을 것입니다.

또한 네 바람이라는 표현에 대해서는 다니엘서 7장 2절을 보면 그것이 하나님이 쓰시는 영적 사자임을 더욱더 확신하게 됩니다. 거기 보면 다니엘이 환상을 보았는데 하늘의 네 바람이 큰 바다로 몰려 불게 될 때 큰 짐승 넷(사자, 곰, 표범, 쇠로 된 이와 열 뿔과 작은 뿔의 괴상한 짐승)이 바다에서 나오는 것을 보았습니다. 여기에 네 짐승은 네 나라 곧 바벨론, 메대, 바사, 헬라, 구로마와 신로마 그리고 작은 뿔 적그리스도의 흥망성쇠를 보여주고 있습니다.

그러므로 요한계시록 6장의 흰 말, 붉은 말, 검은 말, 청황색 말들도 하나님의 영적 사자들임이 분명한데, 흰 말은 적그리스도의 활동이고, 붉은 말은 전쟁이요, 검은 말은 기근이요, 청황색 말은 지진과 질병 등으로 인한 죽음을 보여준다 할 것입니다.

그런데 이에 대해 성경을 해석하는 대부분의 학자들은 붉은 말과 검은 말과 청황색 말에 대해서는 공통적으로 보는 데 반해, 첫 번째의 흰 말에 대해서만은 두 갈래로 판이하게 해석하고 있습니다. 이것들은 너무나도 다른 해석이기 때문에 그에 대해 분명하게 알고 가르치고 증거해야 하리라고 봅니다.

저는 적그리스도로 보는 것이 옳다고 이해하고 있습니다. 이에 대해서는 두 가지로 말씀드릴 수 있습니다. 하나는 예수님께서 공관복음에서 특별히 감람산의 종말 강화에서 네 가지를 적그리스도의 미혹, 전쟁, 기근, 질병 등으로 죽게 될 것임을 언급하고 계시는 것이 그것과 동일하다는 것입니다. 또 다른 하나는 흰 말을 예수라고 주장하는 분들은 계시록 6장의 흰 말 탄 자와 계시록 19장 11절의 흰 말 타고 재림하시는 예수님을 동일하게 보기 때문이지만, 그러나 이것은 분명히 다르다는 것입니다.

이것을 분명하게 이해하려면 원어를 보아야 합니다. 희랍어에서 계시록 6장에 나오는 흰 말을 탄 자가 쓴 면류관과 계시록 19장 11절의 흰 말을 탄 자가 쓴 면류관이 다릅니다. 계시록 6장의 흰 말 탄 자의 면류관은 스테파노스(στέφανος)로서 경기에서 우승할 때 쓰는 면류관이요, 계시록 19장 11절의 흰 말 탄 자의 면류관은 디아데마타(διαδήματα)로서 왕관을 말합니다.

예수님께서는 마태복음 24장 8절과 마가복음 13장 8절에 이 네 가지를 재난의 시작이라고 하였습니다. 그러므로 저는 흰 말을 적그리스도로 보는 것이 공관복음에 말씀하신 종말에 대한 말씀과 일치되는 해석이라 보는 것입니다.

이제 다섯째 인을 떼니, "하나님의 말씀과 그들이 가진 증거로 말미암아 죽임을 당한 영혼들이 제단 아래에 있어, 큰 소리로 불러 이르되 거룩하고 참되신 대주재여 땅에 거하는 자들을 심판하여 우리 피를 갚아 주지 아니하시기를 어느 때까지 하시려 하나이까 하니, 각각 그들에게 흰 두루마기를 주시며 이르시되 아직 잠시 동안 쉬되 그들의 동무 종들과 형제들도 자기처럼 죽임을 당하여 그 수가 차기까지 하라" 하셨습니다.

공관복음에서도 재난의 시작이 되는 네 가지(적그리스도의 미혹, 전쟁, 기근, 죽음)를 말씀하시고 다섯 번째로 말씀하시는 것이 "그때에 사람들이 너희를 환난에 넘겨주겠으며 너희를 죽이리니 너희가 내 이름 때문에 모든 민족에게 미움을 받으리라, 그때에 많은 사람이 실족"함을 당한다 하였습니다. 적그리스도의 미혹과 박해로 순교자의 수는 차게 될 것입니다.

여섯째 인을 떼게 되면 어떤 일이 일어나게 되는 것입니까?

"큰 지진이 나며 해가 검은 털로 짠 상복같이 검어지고 달은 온통 피같이 되며, 하늘의 별들이 무화과나무가 대풍에 흔들려 설익은 열매가 떨어지는 것같이 땅에 떨어지며, 하늘은 두루마리가 말리는 것같이 떠나가고 각 산과 섬이 제 자리에서 옮겨지매,

땅의 임금들과 왕족들과 장군들과 부자들과 강한 자들과 모든 종과 자유인이 굴과 산들의 바위틈에 숨어, 산들과 바위에게 말하되 우리 위에 떨어져 보좌에 앉으신 이의 얼굴에서와 그 어린 양의 진노에서 우리를 가리라" 하고 있습니다. 그리고 여섯째 인을 떼면 예수님이 재림하시는 이날을 진노의 큰 날이라 하였습니다.

이때 불신자들은 상하 인민 모두 두려워 떨며 감히 주의 얼굴을 보지 못하고 심판 받음으로 주 앞에 도저히 설 수 없으나, 계시록 7장 9절을 보면 "각 나라와 족속과 백성과 방언에서 아무도 능히 셀 수 없는 큰 무리가 나와 흰 옷을 입고 손에 종려가지를 들고 보좌 앞과 어린 양 앞에 서서 큰소리로 외쳐 이르되 구원하심이 보좌에 앉으신 우리 하나님과 어린 양에게 있도다"라고 하였습니다. 그러니까 이 말씀은 여섯째 인을 뗄 때에 있게 되는 예수님 재림과 심판의 양태를 보여주고 있는 것입니다.

여섯째 인의 사건을 마태, 마가, 누가는 복음서에서 다음과 같이 말씀하였습니다.

마태복음 24장 29~31절을 보면, "그 날 환난 후에 즉시 해가 어두워지며 달이 빛을 내지 아니하며 별들이 하늘에서 떨어지며 하늘의 권능들이 흔들리리라, 그때에 인자의 징조가 하늘에서 보이겠고 그때에 땅의 모든 족속들이 통곡하며 그들이 인자가 구름을 타고 능력과 큰 영광으로 오는 것을 보리라, 그가 큰 나팔소리와 함께 천사들을 보내리니 그들이 그의 택하신 자들을 하늘 이 끝에서 저 끝까지 사방에서 모으리라" 하였습니다.

그리고 마가복음 13장 24~27절에서는 "그때에 그 환난 후

해가 어두워지며 달이 빛을 내지 아니하며, 별들이 하늘에서 떨어지며 하늘에 있는 권능들이 흔들리리라, 그때에 인자가 구름을 타고 큰 권능과 영광으로 오는 것을 사람들이 보리라, 또 그때에 그가 천사들을 보내어 자기가 택하신 자들을 땅 끝으로부터 하늘 끝까지 사방에서 모으리라"고 하고 있습니다.

또한 누가복음 21장 25~27절도 보면, "일월성신에는 징조가 있겠고 땅에서는 민족들이 바다와 파도의 성난 소리로 인하여 혼란한 중에 곤고하리라, 사람들이 세상에 임할 일을 생각하고 무서워하므로 기절하리니 이는 하늘의 권능들이 흔들리겠음이라, 그때에 사람들이 인자가 구름을 타고 능력과 큰 영광으로 오는 것을 보리라" 하였습니다. 이렇게 공관복음이 보여준 동일한 내용은 환난 후에 예수님께서 재림한다는 것입니다. 환난 때에 순교자의 수가 차는 동시에 주님이 재림할 것입니다.

그리고 공관복음, 특히 마태복음 25장은 이때의 형편을 슬기로운 다섯 처녀와 같이 기름 준비 잘하고 항상 깨어 등불 들고 예수님 오시기만을 간절히 사모하는 자들의 비유와, 다섯 달란트와 두 달란트 받은 자들로서 "잘 하였도다 충성된 종아"라고 칭찬을 받은 자들의 비유, 그리고 예수님이 "자기 영광으로 모든 천사와 함께 올 때에 그 영광의 보좌에 앉으리니, 모든 민족을 그 앞에 모으고 각각 구분하기를 목자가 양과 염소를 구분하는 것같이 하여, 양은 그 오른편에 염소는 왼편에 두리라" 하여 의로운 양들은 영생에 들어가는 말씀으로 보여주셨습니다. 그러나 미련한 다섯 처녀들과 게으르고 불충한 한 달란트 받은 자와 왼편에 저주받은

계시록 6장 = 마태복음 24장
　　　　　　　 마가복음 13장
　　　　　　　 누가복음 21장

첫째 인: 흰 말	둘째 인: 붉은 말	셋째 인: 검은 말	넷째 인: 청황색 말	다섯째 인: 순교자의 탄원	여섯째 인: (예수 재림과 심판)	계시록 7장
미혹	전쟁	기근	지진 온역 죽음	순교자의 수가 차게 됨		구원받은 성도들과 주의 종들의 천국 생활

▲ 인으로 보여주신 천국의 이정표

염소들은 영벌에 처하게 되었습니다.

우리는 지금까지 일곱 인 가운데 여섯째 인까지를 설명하여 이해할 수 있었습니다. 그러나 그 두루마리 책은 일곱 인으로 봉해 있다고 했는데, 그렇다면 그 일곱째 인은 어떻게 되는 것이겠습니까? 일곱째 인을 떼게 되면 어떻게 되는 것일지 밝히 알아야 할 것입니다.

일곱 인으로 봉한 책 계시록 6장부터 22장까지는 천국의 이정표를 여러 형태로 되풀이 보여주셨습니다. 지금까지는 요한계시록 6장과 7장에서 인으로 보는 천국의 이정표를 보여주셨다면, 요한계시록 8장부터는 다른 모습으로 천국의 이정표를 보여주셨습니다.

3. 나팔로 보여주신 천국의 이정표

나팔로 보여주신 천국의 이정표는 계시록 8장부터 11장까지의 말씀에서 알 수 있습니다.

일곱째 인을 떼면 일곱 나팔을 가진 일곱 천사가 하나님 앞에서 서 있다가 일곱 나팔을 받아 일곱 천사가 각각 나팔을 붑니다. 계시록 8장에서 나팔을 네 번 불고, 계시록 9장에서 두 번 불고, 계시록 10장에서 한 번, 계시록 11장에서 한 번 부는데, 계시록 10장 7절과 계시록 11장 15절에서 부는 나팔은 표현이 다른 것 같아도 동시의 사건입니다. 거기서는 모두 똑같은 예수님의 재림으로 이 땅이 하나님 나라가 될 것이라고 하고 있습니다. 구약 때부터 신약에 이르기까지 선지자들이 전한 복음은 천국인데, 그것이 그대로 이루어진다는 것입니다.

일곱 천사가 하나님께로부터 일곱 나팔을 받아서 불면 예수님이 재림하여 이 땅이 천국이 되기 때문에, 나팔로 보여주신 천국의 이정표라고 한 것입니다. 그러니까 일곱 인으로 봉한 책에서는 첫째 인으로부터 여섯째 인까지를 인으로 천국의 이정표를 보여주신 것이고, 남은 하나의 일곱째 인을 뗄 때에는 또 다른 차원에서 일곱 나팔을 가지고서 천국의 이정표를 보여주신 것입니다.

그러면 일곱 나팔 부는 장면을 하나하나 살펴보겠습니다. 우리는 여기서 나팔이란 무엇이며 나팔을 불 때에 어떤 현상이 나타나는지 살펴보고자 합니다.

우리가 나팔을 바로 알고자 한다면 먼저 민수기 10장을 이해해야 합니다.

하나님께서는 이스라엘 백성들을 애굽에서 이끌어 내셨습니다. 홍해를 건너 광야에 나온 지 1년쯤에 시내 광야에서 모세가 유월절을 그 정한 기일(정월 14일 해질 때)에 지키라고 명하고, 성막을 중심으로 이스라엘 자손들이 진을 치고 행진케 하되 구름이 성막에서 떠오를 때는 진행하고 머무는 곳에서는 진을 치는 상황에서(민 9:1~20) 이제 모세는 나팔 제작의 명을 받았습니다.

우리는 나팔에 관해 알지 못하면 말씀을 잘못 해석할 수 있습니다. 요한계시록에 나오는 나팔도 성경에 반드시 짝이 있음을 알아야 합니다.

그러면 하나님께서는 어디에 사용하려고 제작을 명하신 것입니까? 민수기 10장에 보면 은으로 제작하라 하시고, 둘을 만들되 두들겨 만들라 하셨는데, 그것을 ① 회중을 소집할 때, ② 진영을 출발할 때, ③ 자기를 압박하는 대적을 치러 나갈 때, ④ 희락의 날과 너희가 정한 절기에 사용하라고 제작케 하신 것입니다.

요한계시록에서 일곱 나팔을 불 때마다 나타나는 상황과 민수기 10장에서 말씀하신 나팔 불 때의 네 가지 용처들 가운데 어느 것이 일치하는가를 살펴보면, 대적을 치러 나갈 때, 다시 말하면 전쟁에 사용하라고 하신 말씀과 같다 할 것입니다.

요한계시록의 일곱 나팔은 나팔 불 때마다 전쟁을 보여주고 있습니다.

첫째 천사가 나팔을 불 때, 피 섞인 우박과 불이 나와서 땅에 쏟아지매 땅의 3분의 1이 타버리고, 수목의 3분의 1도 타버리고, 바다의 3분의 1이 피가 되었습니다.

둘째 천사가 나팔을 불 때, 불붙는 큰 산과 같은 것이 바다에 던져지매 바다의 3분의 1이 피가 되고, 바다 가운데 생명 가진 피조물들의 3분의 1이 죽고, 배들의 3분의 1이 깨지더라 하였습니다.

셋째 천사가 나팔을 불 때, 횃불같이 타는 큰 별이 하늘에서 떨어져 강들의 3분의 1과 여러 물샘에 떨어지니 이 별 이름은 쓴 쑥이라 물의 3분의 1이 쓴 쑥이 되매 그 물이 쓴 물이 되므로 많은 사람이 죽더라고 하였습니다.

넷째 천사가 나팔을 불 때, 해 3분의 1과 달 3분의 1과 별 3분의 1이 타격을 받아 어두워지니 낮 3분의 1은 비추임이 없고 밤도 그러하더라 하였습니다.

첫째, 둘째, 셋째 나팔 불 때, 피 섞인 우박과 불이 땅에 쏟아졌고, 불붙는 큰 산과 같은 것이 바다에 던져졌으며, 횃불같이 타는 큰 별이 하늘에서 떨어졌습니다. 불이 공중 하늘에서 쏟아지고 던져지고 떨어졌는데, 넷째 나팔에는 이 불의 침을 받아 해와 달과 별이 어두워졌다고 하였습니다. 불이 땅에, 바다에, 강과 물샘에 떨어지니 해와 달과 별들이 타격을 받아 어두워졌습니다. 그러니까 이 불 전쟁으로 지구촌 하늘과 땅과 바다의 3분의 1이 파멸되는 전쟁이라 하겠습니다. 사람도 3분의 1이 죽든지 다치든지 할 것입니다.

그러면 이러한 엄청난 큰 전쟁이 계시록 8장에만 예언되어 있겠습니까? 이 말씀과 짝이 되는 예언의 말씀이 에스겔과 다니엘 선지자를 통해 자세히 말씀되었다는 것을 알 수 있습니다.

구약에 예언된 수많은 전쟁에 관하여 살펴볼 때 이미 예언대로 이루어진 전쟁이 무수히 있고 아직도 예언대로 이루어지지 않은 전쟁이 있습니다. 그 엄청난 불의 전쟁이 자세히 예언되어 있는 것입니다.

그것은 바로 에스겔 38장과 39장 그리고 다니엘 11장 40~45절에 기록되어 있습니다. 이 전쟁을 남북 전쟁이라 하는 것은 다니엘 11장 40절을 보면 "마지막 때에 남방 왕이 그와 힘을 겨룰 것이나 북방 왕이 병거와 마병과 많은 배로 회오리바람처럼 그에게로 마주 와서 그 여러 나라에 침공하여 물이 넘침같이 지나갈 것이요" 했기 때문이며, 에스겔 39장 2절에 "너를 돌이켜서 이끌고 북쪽

끝에서부터 나와서 이스라엘 산 위에 이르리니" 하였기 때문입니다.

그리고 이 전쟁도 불 전쟁임을 알 수 있는 것은 에스겔 39장 6절을 보면 "내가 또 불을 마곡과 및 섬에 평안히 거하는 자에게 내리리라"고 하신 것이 계시록에서 내린 불과 동일하기 때문입니다.

첫째 나팔, 둘째 나팔, 셋째 나팔, 넷째 나팔은 하나의 전쟁 사건으로 묶어서 보아야 합니다. 어떤 이는 여기서의 네 나팔을 지구상에서 복음을 배척한 무신론 공산주의 3분의 1로 해석하기도 하였으나, 이것은 너무나 거리가 먼 해석이요 영적으로만 해석하고자 한 것이라 하겠습니다. 나팔을 복음으로 보고 억지로 그렇게 해석한 것이겠지만, 그렇다면 다섯째 나팔의 황충이와의 전쟁, 여섯째 나팔의 3분의 1이 죽는 동서전쟁, 일곱째 나팔의 아마겟돈의 마지막 전쟁과 맞아떨어지지가 않습니다. 같은 나팔인데 어떤 나팔은 복음으로, 어떤 나팔은 전쟁으로 나누어 보는 것은 잘못된 해석이라 할 것입니다. 첫째부터 넷째까지 한 장에 묶어 보이신 것도 뜻이 있다 하겠습니다.

옛날에는 창과 칼과 방패 등을 군사 무기로 한 지상전에 불과했지만, 지금은 과학의 발달로 인해 신무기가 대량으로 생산되어 공중전, 지상전, 해상전이 가능해졌으며, 핵폭탄, 수소폭탄 등 지구의 3분의 1은 고사하고 지구촌 전체를 초토화시키고 전 인류를 일시에 멸망시킬 수도 있다는 것은 부인할 수 없는 사실일 것입니다.

그래서 나팔로 보는 천국의 이정표라고 한 것입니다.

그러면 일곱 나팔 안에 세 번의 큰 전쟁을 끝으로 우리 주님 재림하시고 이 세상 나라가 주님의 나라, 천국이 됨을 보여주신 그 예언된 전쟁을 소개하고자 합니다. 그러니까 이것은 전쟁사적인 천국의 이정표라고도 하겠습니다.

구약성경을 보면 전쟁의 때에 나팔을 울려 분 사례는 여러 곳에 나타나 있습니다.

① 민수기 31장 1~8절을 보면 여호와께서 모세에게 이스라엘 자손의 원수를 미디안에게 갚으라 하실 때에 제사장 엘르아살의 아들 비느하스에게 신호나팔을 들려 전쟁에 보내매 그들이 승리하였습니다.

② 역대하 13장 13~18절을 보면 유다 사람이 여로보암 적병으로 말미암아 여호와께 부르짖을 때 제사장들이 나팔을 불고 승리하였습니다.

③ 여호수아 6장 1~20절을 보면 여리고 전쟁 때도 하나님이 지시한 대로 일곱 제사장이 일곱 양각 나팔을 잡고 언약궤 앞에서 행하되 매일 한 번씩 여리고성을 돌다가 제7일에는 일곱 번 돌며 제사장들이 나팔을 길게 울려 불 때 백성들이 나팔소리와 함께 큰 소리로 외쳤습니다. 그때에 여리고성은 무너지고 가나안의 권세가 깨어지며, 이스라엘은 약속의 땅 가나안을 정복하여 그곳을 영원한 기업으로 받은 것입니다.

그래서 고린도전서 14장 8절에서 "만일 나팔이 분명하지 못한 소리를 내면 누가 전투를 준비하리요"라고 하였습니다.

저는 계시록 8장부터 11장까지에서 보여주는 일곱 나팔은 세 번의 전쟁을 끝으로 우리 주님이 재림하심으로써 이 세상이 하나님 나라가 되는 것을 말씀하시는 것이라고 봅니다.

첫 번째 전쟁은 남북 전쟁입니다. 제3차 세계 전쟁이라고도 할 수 있습니다. 요한계시록 8장에서 나팔 넷을 보면 그 전쟁이 불 전쟁이라는 것을 알 수 있습니다. 화력전입니다. 첫째가 나팔 불 때에 피 섞인 우박과 불이 나와서 땅에 떨어졌고, 둘째가 나팔 불 때에도 불붙는 큰 산과 같은 것이 바다에 떨어졌으며, 셋째가 나팔 불 때에도 횃불같이 타는 큰 별이 강과 물샘에 떨어져 물들이 쓴 물이 되므로 많은 사람이 죽었습니다. 넷째 나팔을 불 때에는 불이 떨어지지는 않았지만, 불 전쟁으로 인하여 타격을 받아 해와 달과 별들이 낮이나 밤이나 3분의 1이 어두웠습니다. 그러니 상상해 보십시오. 이 얼마나 무섭고 두려운 남북 전쟁입니까?

이 전쟁이 피하려야 피할 수 없이 역사상에서 필연적으로 이루어질 것이라는 것은 하나님의 선지자 에스겔과 다니엘과 사도 요한을 통해서 예언된 것입니다. 그것은 하나님께서 친히 개입하시는 전쟁입니다. 에스겔 38장 3~6절을 보면 "여호와께서 이같이 말씀하시기를 로스와 메섹과 두발 왕 곡아 내가 너를 대적하여, 너를 돌이켜 갈고리로 네 아가리를 꿰고" 그 동맹군들을 끌어낸다고 하였습니다. 하나님은 때가 되면 이 전쟁을 일으킬 것입니다. 전쟁은 하나님께 속한다 하였습니다. 사람이 한 국가와 전쟁을 하고 싶으면 하고, 하고 싶지 않으면 하지 않는 것이 아니라 하나님께서 예언대로 반드시 집행할 것입니다.

남북 전쟁 시 북방의 주동자는 마곡 땅에 있는 곡(로스와 메섹과 두발 왕)입니다. 지금의 러시아입니다. 그것이 확실하다는 것의 역사적 근거를 제시하자면, 창세기 10장 1~5절을 보면 노아의 세 아들 셈과 함과 야벳의 족보에 야벳의 아들 일곱이 나오는데, 그 가운데 에스겔 38장 2절에 마곡과 두발, 메섹이 나옵니다. 전쟁의 주동자는 마곡 땅에 있는 로스와 메섹과 두발 왕입니다. 역사학계의 권위자 요세푸스는 마곡에 거하는 자들을 오늘의 러시아라고 하였는데, 이는 참고할 만하다 할 것입니다. 또한 언어학적인 근거로도 로스는 러시아를, 메섹은 모스크바를, 두발은 도빌스크로서 전 소련에서 가장 큰 주를 가리킨다고 합니다. 지리적으로도 러시아 세력이 주동자임이 확실합니다. 에스겔 38장 5~6절, 15절, 에스겔 39장 2절을 보면 이스라엘의 극한 북방 지역 끝이라고 했는데, 예루살렘과 모스크바는 남북으로 경도 37~38도 상에 정확히 위치하고 있습니다(위도 상으로는 예루살렘 31도, 모스크바 55도).

이 전쟁을 주도하는 북방 세력은 자기들만이 아니라 동맹군을 함께 이끌고 이스라엘로 쳐내려온다고 하였습니다(겔 38:8).

동맹군은 다섯 나라로 기록되어 있습니다.

① 바사(겔 38:5) ― 이란
② 구스(겔 38:5) ― 에티오피아
③ 고멜(겔 38:6) ― 갈라디아(터키, 아제르바이잔)
④ 붓(겔 38:5) ― 리비아(리비아, 북아프리카)
⑤ 도갈마(겔 38:6) ― 프뤼기아(터키)

이 북방 세력의 전쟁 목적이 중동 지역에 있음은 물론이지만,

최종 목적지는 이스라엘입니다. 하나님이 그들을 이같이 이끌어 들인다는 것입니다.

그러면 싸우는 남방 왕은 어느 나라이겠습니까?(단 11:40) 이스라엘이요 이스라엘과 군사 동맹을 맺은 미국이 중심이 될 것으로 봅니다. 미국의 트럼프가 당선된 이후 이스라엘에 얼마나 많은 힘을 실어주고 있습니까? 예루살렘을 이스라엘의 수도라고 선언하는가 하면, 미 대사관을 텔아비브에서 예루살렘으로 1년 내에 옮긴다고 하여 세계가 발칵 뒤집혔고, 결국 예루살렘으로 대사관을 옮겼습니다.

그렇다면 결국 북방은 러시아가 주도국이 되고 남방 왕은 미국이 주도하는 전쟁이 될 것으로 볼 수 있을 것입니다.

그러면 이 전쟁은 언제 일어나는 것입니까? 우리는 그 날과 그 시는 알 수 없으나 계시된 말씀 안에서 어느 정도 알아볼 수 있습니다.

에스겔 38장 8~9절을 보면 여러 날 후 말년이라고 했습니다. "말년에 네가 명령을 받고 그 땅 곧 오래 황폐하였던 이스라엘 산에 이르리니 그 땅 백성은 칼을 벗어나서 여러 나라에서 모여들어오며 이방에서 나와 다 평안히 거하는 중이라 네가 올라오되 너와 네 모든 떼와 너와 함께한 많은 백성이 광풍같이 이르고 구름같이 땅을 덮으리라" 하였습니다.

에스겔 38장 16절을 보면 "구름이 땅을 덮음같이 내 백성 이스라엘을 치러 오리라 곡아 끝 날에 내가 너를 이끌어다가 내 땅을 치게 하리니" 하였습니다.

다니엘 11장 40절에는 "마지막 때에 남방 왕이 그와 힘을 겨룰 것이나 북방 왕이 병거와 마병과 많은 배로 회오리바람처럼 그에게로 마주 와서 그 여러 나라에 침공하여 물이 넘침같이 지나갈 것이요" 하였습니다.

히브리서 1장 2절을 보면 "이 모든 날 마지막에는 아들을 통하여 우리에게 말씀하셨으니 이 아들을 만유의 상속자로 세우시고 또 그로 말미암아 모든 세계를 지으셨느니라" 하였고, 사도행전 2장 17절을 보면 "하나님이 말씀하시기를 말세에 내가 내 영을 모든 육체에 부어 주리니 너희의 자녀들은 예언할 것이요 너희의 젊은이들은 환상을 보고 너희의 늙은이들은 꿈을 꾸리라" 하였습니다.

다시 말하면, 에스겔서와 다니엘서에서는 ① 겔 38:8은 여러 날 후 말년이라 하였고, ② 겔 38:16은 끝 날이라고 했으며, ③ 단 11:40에서는 마지막 때라고 하였던 것입니다. 그리고 히브리서 1장 2절에서는 ④ 마지막 때라 하고, 사도행전 2장 17절에서는 ⑤ 말세라고 하였습니다.

종합적으로 말씀을 깊이 생각해 보면 다 같은 때같이 보일 수 있겠지만 그 시기는 다릅니다.

이해를 위해서 다음 그림을 참고하실 수 있을 것입니다.

(히브리서 1장 2절과 사도행전 2장 17절은 예수님이 오셔서 말씀하시는 때를 마지막이라 하였고, 십자가에서 죽으시고 부활 승천하여 약속한 성령을 오순절 날에 내리신 날 그때를 말세라고 하였습니다. 그러나 다니엘 11장 40절과 에스겔 38장 8절과 에스겔 38장 16절의 말씀은 이스라엘이 독립하여 평안히 살고 있을 때

남북 전쟁이 일어날 그 시기를 말년, 끝 날, 마지막 때라고 하였습니다.)

　　그러니까 예수님 초림 때부터 그리고 성령 강림 때부터 말세라고 하였으나, 이스라엘이 독립하여 평안히 거할 때 북방 왕이 치러 오는 때는 말세 중 말세로서 세상 종말이 가까웠으며 예수님의 재림이 임박했다는 신호탄이라 하겠습니다.

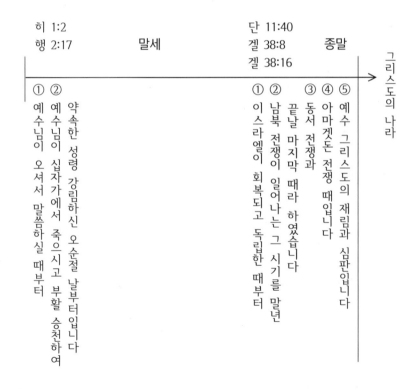

▲ 말세와 종말에 관한 도움 그림

다니엘 11장은 두 번의 전쟁을 보여주고 있습니다.

다니엘 11장 1~39절까지는 이미 구약의 마지막 때 성취된 전쟁이고, 다니엘 11장 40~45절까지의 전쟁은 말세 중 말세, 말세지말에 일어날 아직 성취되지 아니한 전쟁입니다.

다니엘 11장 1~39절의 전쟁은 헬라의 알렉산더 대왕이 일어나서 큰 권세로 다스리며 자기 마음대로 행하여 그가 강성할 무렵 젊은 나이로 죽게 되고 나라는 갈라져 천하가 4방으로 나누어지게 된 때의 일입니다.

북방 왕은 시리아(셀레우코스), 남방 왕은 애굽, 팔레스타인(프톨레마이오스 왕조), 서방 왕은 마케도니아(카산드로스 왕조), 동방 왕은 트라스(리시쿠스 왕조), 이렇게 4방으로 나누어진 상황에서 북방과 남방이 주동이 되어 남북 전쟁이 계속되다가 로마가 일어나 세계를 지배하게 되었고, 남북 전쟁 중 적그리스도의 모형인 안티오코스 4세 에피파네스가 일어났고, 그 후에 예수님이 초림하셨습니다. 구약의 마지막 때, 다니엘 11장 1~39절에 남북의 전쟁이 있고, 적그리스도가 등장하여 발호하며 구약교회를 더럽히고 능욕하는 박해가 있었고, 그때 예수님이 초림하셨습니다.

이와 짝을 이루고 있는 것이 다니엘 11장 40~45절의 신약의 마지막 때의 전쟁입니다. 신약의 마지막 때에도 세계는 넷으로 나누어질 것입니다. 넷으로 나누어지고 있음을 우리가 보고 있습니다. 북방은 러시아를 중심으로, 남방은 이스라엘과 미국을 중심으로, 서방은 유럽연합으로, 동방은 중국을 중심으로 나누어지고 있다는 것을 피부로 느끼고 있습니다.

언젠가는 다니엘 11장 40~45절과 에스겔 38~39장과 계시록 8장 6~12절에서의 네 나팔의 남북 전쟁이 일어나고, 적그리스도가 등장하여 갖은 만행을 하게 될 것이며, 그 후 예수님이 재림하여 하나님 나라가 이루어질 것입니다.

이 전쟁의 동기에 대해 살펴보면, 다니엘 11장 40절을 보면 개역개정 성경에서는 남방 왕이 북방 왕과 힘을 겨룬다고 되어 있고, VIP 큰성경에서는 남방 왕이 북방 왕을 찌른다고 되어 있는 것을 보게 되면, 이 전쟁은 남방 왕이 먼저 전쟁의 동기를 부여함으로써 일어나는 전쟁이라 할 것입니다.

전황과 관련해서는 다니엘 11장 40~45절을 보면 북방 왕이 병거와 마병과 많은 배로 회오리바람처럼 그에게로 마주 와서 여러 나라를 침공하여 물이 넘침같이 지나갈 것이요 영화로운 땅에 들어갈 것이며 많은 나라를 패망하게 한다고 하였고, 특히 그중에 나라를 밝혔는데 애굽 땅도 면치 못할 것이요 리비아와 구스는 그의 시종이 된다고 하였습니다. 그리고 그가 장막 궁전을 바다와 영화롭고 거룩한 산 사이에 세운다고 한 것을 보면 북방 왕이 승리한 것처럼 보입니다.

그러나 이 전쟁은 하나님이 허락하고 일으키신 전쟁으로 결국은 하나님의 개입으로 남방 왕이나 북방 왕 그리고 남방이나 북방이나 할 것 없이 피차 멸망할 것입니다. 에스겔 39장 6절을 보면 "내가 또 불을 마곡과 및 섬에 평안히 거주하는 자에게 내리리니"라고 하였고, 요한계시록 8장에서는 네 나팔이 불게 되니 땅과 바다와 강과 물샘의 3분의 1이 타버리고 깨어져 버리고 죽고 쓴 쑥물로 인하여서 많은 사람이 죽는다고 하였으며, 해와 달과 별은 타격을 받아 빛을 비추임이 없다고 하였습니다.

이 전쟁이 북방 왕이 욕심이 과다하여 치른 전쟁이라는 것은 에스겔 38장 11~13절에서 "말하기를 내가 평원의 고을들로 올라가리라 성벽도 없고 문이나 빗장이 없어도 염려 없이 다 평안히 거주하는 백성에게 나아가서, 물건을 겁탈하며 노략하리라 하고 네 손을 들어서 황폐하였다가 지금 사람이 거주하는 땅과 여러 나라에서 모여서 짐승과 재물을 얻고 세상 중앙에 거주하는 백성을 치고자 할 때에, 스바와 드단과 다시스의 상인과 그 부자들이 네게 이르기를 네가 탈취하러 왔느냐 네가 네 무리를 모아 노략하고자 하느냐 은과 금을 빼앗으며 짐승과 재물을 빼앗으며 물건을 크게 약탈하여 가고자 하느냐 하리라"고 한 것에서 알 수 있습니다.

참고로 이스라엘과 그 주변 나라들은 사해에 브로마인(농약, 플라스틱, 페인트의 원료가 되는 천연자원)이 매장되어 있어 전 세계의 25%를 생산하고 있다고 하며, 앞으로도 전 세계가 1000년 이상 사용할 수 있는 양이 매장되어 있다고 합니다. 또한 그 지역에는 핵무기의 원료가 되는 우라늄이 다량 매장되어 있어 세계열강들의 관심이 집중되고 있다고 합니다. 마그네슘과 칼슘도 다량 매장되어 있어 세계 나라들의 관심이 몰리고 있기도 합니다.

그뿐만 아니라 중동에는 전 세계적으로 석유의 75%가 매장되어 있다고 보고 있으며, 이스라엘은 지리적 유리함으로 인해 아프리카, 아시아, 유럽의 교두보로서 관문 역할을 하고 있습니다. 특히 수에즈 운하는 애굽의 시나이반도 사이에 있고 해양 통로의 중심 역할을 하는 가운데 홍해와 지중해 그리고 인도양과 태평양을 연결해 주고 있어서 모든 물건 수송과 특히 전투함대 운항에 요새지라 할 수 있습니다. 그러니 어찌 이스라엘을 중심으로 한 중동 여러 나라에서 관심과 욕망을 가지고 호시탐탐 기회를 노리지 않겠습니까?

특히 예루살렘은 유대교와 기독교 그리고 이슬람교, 3대 종교의 성지로 예루살렘을 점령하면 세계인의 관심을 집중시켜 심리적으로도 영향이 클 것입니다.

그러나 이 전쟁의 결과는 하나님의 진노와 개입으로 저희들이 불로 멸망하고 마는 것입니다.

에스겔 38장 18~22절을 보면 "그날에 곡이 이스라엘 땅을 치러 오면 내 노여움이 내 얼굴에 나타나리라 주 여호와의 말씀이니라, 내가 질투와 맹렬한 노여움으로 말하였거니와 그날에 큰 지진이 이스라엘 땅에 일어나서, 바다의 고기들과 공중의 새들과 들의 짐승들과 땅에 기는 모든 벌레와 지면에 있는 모든 사람이 내 앞에서 떨 것이며 모든 산이 무너지며 절벽이 떨어지며 모든 성벽이 땅에 무너지리라, 주 여호와의 말씀이니라 내가 내 모든 산 중에서 그를 칠 칼을 부르리니 각 사람이 칼로 그 형제를 칠 것이며, 내가 또 전염병과 피로 그를 심판하며 쏟아지는 폭우와 큰 우박덩이와 불과 유황으로 그와 그 모든 무리와 그와 함께 있는 많은 백성에게 비를 내리듯 하리라"고 하였습니다.

이 전쟁의 규모가 얼마나 큰가 하는 것은 에스겔 39장 9~14절에서 무기를 거두어 불태우는 데 7년이 걸렸고, 죽은 시체들은 새와 들짐승들의 밥이 될 뿐만 아니라 매장지까지 정하셨는데 하몬곡의 골짜기라고 하였으며, 그들을 매장하는 데만 일곱 달이 걸린다고 한 데서 알 수 있습니다.

그러면 왜 하나님께서는 이와 같이 진노하셔서 큰 재앙을 받게 하신 것입니까?

에스겔 38장 16절 하반을 보면 이방 사람의 눈앞에서 하나님의 거룩함을 나타내어 그들로 하나님을 알게 하시고,

에스겔 38장 23절에서는 여러 나라의 눈에 하나님의 위대함을 알게 하시려는 것이며,

에스겔 39장 7절을 보면, 이스라엘 백성들이 하나님의 이름의 거룩하심을 알게 하시고 그 거룩한 이름을 더럽히지 아니하게 함이라 하였고,

에스겔 39장 13절을 보면 하나님의 영광이 나타남이라고 하였으며,

에스겔 39장 21절에도 하나님의 영광과 권능으로 심판하심을 여러 민족 가운데 나타내며 이스라엘 족속은 여호와가 자기들의 하나님인 줄 알게 된다고 하였습니다.

그리고 에스겔 39장 26절을 보면 이스라엘의 역사 원리에 따라 범죄하면 흩어 버리시되 이방에 끌려가서 고난과 천대를 받게 하시고, 회개하고 돌이키면 다시 돌아오게 하여 성전을 건축하고 하나님께 제사를 드리며 약속의 땅에서 주의 복을 받아 살게 하는데,

에스겔 39장 28~29절을 보면 이 남북 전쟁이 끝나게 되면 세계 도처에 사로 잡혀 흩어져 살던 이스라엘 사람들이 그 가운데

한 사람도 이방에 남지 않고 돌아오게 하여 다시는 하나님의 얼굴을 가리지 아니하리니 이는 하나님의 영을 쏟아 부어주시는 은혜 때문이라고 하였습니다.

다섯째 나팔을 불면 하늘에서 땅에 떨어진 별 하나가 있는데, 그가 무저갱의 열쇠를 받고 무저갱을 여니 그 구멍에서 큰 화덕의 연기가 올라오매 해와 공기가 어두워지며, 황충이 연기 가운데로부터 땅 위에 나오매 그들이 땅에 있는 전갈의 권세를 받았고 다섯 달 동안 괴롭히는데, 그 괴로움이 전갈이 사람을 쏠 때와 같은 괴로움이라고 하였습니다. 그러나 죽이지는 못하게 하고 괴롭게만 한다는 것입니다. 그날에는 사람들이 죽기를 구하여도 죽지 못하고 죽고 싶으나 죽음이 그들을 피하리라 하였습니다. 이것은 첫째 화라고 하였는데 이 화는 믿지 않는 불신자들이 당하는 화이며, 예수 잘 믿는 이들이 아닌 오직 이마에 하나님의 인을 맞지 아니한 사람들만 해를 받는다고 하였습니다. 그러나 다섯째 나팔에 대해서는 다음 장에서 3화로 보는 천국의 이정표라는 제목으로 말씀드리기로 하겠습니다.

그러면 여섯째 나팔을 불면 무슨 일이 일어나게 됩니까?

계시록 9장 13~21절입니다. 하나님 앞 금 제단 네 뿔에서 한 음성이 들리는데, 나팔 가진 여섯째 천사에게 말하기를 큰 강 유브라데에 결박한 네 천사를 놓아주라 하매 네 천사가 놓였으니 그들은 그 년 월 일 시에 이르러 사람 3분의 1을 죽이기로 준비된 자들이라 하였습니다. 마병대의 수는 이만만(2억)이라고 하였고, 그 군사들에 대해서는 그 말들과 그 위에 탄 자를 보니 불빛과 자줏빛과 유황빛과 호심경이 있고, 또 말들의 머리는 사자머리 같고 그 입에서는 불과 연기와 유황이 나오더라, 이 세 재앙 곧 자기들의 입에서 나오는 불과 연기와 유황으로 말미암아 사람 3분의 1이 죽임을 당한다고 하였습니다. 나아가 이 말들의 힘은 입과 꼬리에 있으니 꼬리는 뱀 같고 또 꼬리에 머리가 있어 이것으로 해하더라고 하였습니다.

마지막 때에는 구약의 마지막 때와 마찬가지로 신약의 마지막 때에도 세계가 4분화됩니다. 그리고 나서 먼저 남북 전쟁으로 인해 남북 세력은 불 심판을 받아 세계 1등 국가에서 제3, 4등 국가로 쇠퇴할 대로 쇠퇴하고, 동방 세력과 서방 세력은 참전하지 않는 국가로 있다가 북과 남이 심판받은 것을 보고 세계의 패권을 잡으려고 유프라테스강을 중심으로 하여 동서로 이만만의 군대가 집결하는 것입니다. 그리고 하나님이 정하신 년, 월, 일, 시에 동서 전쟁이 일어나 3분의 1의 사람이 죽는 무서운 재앙이 있는 것입니다.

이 말씀을 입증하는 말씀이 다니엘 11장 40~45절입니다. 그곳을 보면 남북 전쟁이 일어나 북방 왕이 일시적으로 성공하여 여러 나라를 패망시키고, 애굽의 금은보화를 탈취하며, 구스와 리비아를 시종으로 하여 장막 궁전을 바다와 영화롭고 거룩한 산 사이에 세울 것이나 저들에게 번민이 있게 되었다고 하였습니다. 또한 동북에서부터 소문이 이르러 그를 번민하게 할 때 도와 줄 자가 없어 멸망하리라고 하였습니다.

그러면 여기서 말씀하신 동북에서부터 이르게 된 소문이 무엇이기에 번민을 한 것입니까?

유프라테스강을 중심으로 서방 군대와 동방 군대가 이만만이나 집결하여 서로 세계의 패권을 장악하려는 기운으로 인함이었을 것입니다. 그래서 여섯째 나팔을 동서 전쟁이라 하는 것입니다. 이 전쟁에서 불과 연기와 유황으로 말미암아 3분의 1이 죽는다는 것은 그 전쟁이 신무기 핵전쟁, 수소폭탄 같은 것이 사용되는 엄청난 전쟁이라는 것을 말해줍니다.

그러니까 남북 전쟁으로 3분의 1이, 그리고 또한 동서 전쟁으로 3분의 1이 죽는 전쟁을 치루는 것은 천국을 소망하며 사는 우리 성도들이 피할 수 없이 겪는 길인 것입니다.

그런데 이 동서 전쟁의 서방 세력에서는 적그리스도가 마지막 때 등장하여 세계 단일 정부를 수립하고 세계 종교를 통일하여 세계 제왕으로 군림하는 가운데 혼란한 사회질서를 세울 것이고, 일시적으로나마 세계 통치자로서 군림할 것입니다.

여섯째 나팔의 동서 전쟁의 승패는 서방 세력의 적그리스도가 주도하는 유럽동맹체의 승리로 귀결될 것입니다. 그것은 이후 계시록의 말씀을 살펴보면 적그리스도가 세계 제왕들을 지배하고 영도한다는 것, 그리고 계시록 16장 16절에서 볼 수 있듯이 마지막 전쟁을 위하여 아마겟돈으로 왕들을 집결시킨다는 것을 보아 알 수 있습니다.

일곱째 나팔은 아마겟돈 전쟁을 끝으로 하여 세상 나라가 우리 주님의 나라가 되는 전쟁입니다.

계시록 10장 7절을 보면 "일곱째 천사가 소리 내는 날 그의 나팔을 불려고 할 때에 하나님이 그의 종 선지자들에게 전하신 복음과 같이 하나님의 그 비밀이 이루어지리라 하더라"고 하였고,

계시록 11장 15절을 보면 "일곱째 천사가 나팔을 불매 하늘에 큰 음성들이 나서 이르되 세상 나라가 우리 주와 그의 그리스도의 나라가 되어 그가 세세토록 왕 노릇 하시리로다"라고 하였습니다.

또한 계시록 10장 7절에서는 그 종 선지자들에게 전하신 복음과 같이 이루어진다고 하셨는데, 계시록 11장 15절에서는 선지자들을 통해서 전하신 복음이 이루어져 세상 나라가 우리 주와 그의 그리스도의 나라가 되어 그가 세세토록 왕 노릇 한다고 하였습니다.

이것들은 모두 똑같이 일곱째 나팔입니다. 그러니까 선지자들이 전한 복음은 곧 십자가에서 죽으시고 부활하시고 승천하신 예수님이 말씀하신대로 재림하셔서 주님께서 왕으로서 이 세상 나라를 통치하실 것을 의미한다 하겠습니다.

일곱째 나팔에 대해서는 마태복음 24장 29~31절에서 볼 수 있듯이 예수님께서도 친히 말씀하셨습니다. 예수님께서는 "그날 환난 후에 즉시 해가 어두워지며 달이 빛을 내지 아니하며 별들이 하늘에서 떨어지며 하늘의 권능들이 흔들리리라, 그때에 인자의 징조가 하늘에서 보이겠고 그때에 땅의 모든 족속들이 통곡하며 그들이 인자가 구름을 타고 능력과 큰 영광으로 오는 것을 보리라, 그가 큰 나팔소리와 함께 천사들을 보내리니 그들이 그의 택하신 자들을 하늘 이 끝에서 저 끝까지 사방에서 모으리라"고 하셨습니다. 여기서 볼 수 있듯이 예수님께서는 일곱째 나팔을 큰 나팔이라고 하셨습니다.

고린도전서 15장 51~52절에서 바울 사도는 "보라 내가 너희에게 비밀을 말하노니 우리가 다 잠잘 것이 아니요 마지막 나팔에 순식간에 홀연히 변화되리니, 나팔 소리가 나매 죽은 자들이 썩지 아니할 것으로 다시 살아나고 우리도 변화하리라"고 하였습니다.

여기서 보면 바울은 일곱째 나팔을 마지막 나팔이라고 하였고, 데살로니가전서 4장 15~17절에서는 "우리가 주의 말씀으로 너희에게 이것을 말하노니 주께서 강림하실 때까지 우리 살아남아 있는 자도 자는 자보다 결코 앞서지 못하리라, 주께서 호령과 천사장의 소리와 하나님의 나팔 소리로 친히 하늘로부터 강림하시리니 그리스도 안에서 죽은 자들이 먼저 일어나고, 그 후에 우리 살아남은 자들도 그들과 함께 구름 속으로 끌어올려 공중에서 주를 영접하게 하시리니 그리하여 우리가 항상 주와 함께 있으리라"라고 하신 데서 볼 수 있듯이, 일곱째 나팔을 하나님의 나팔이라고 하였습니다.

그러므로 큰 나팔, 마지막 나팔, 하나님의 나팔, 일곱째 나팔은 표현은 서로 약간 다르지만, 똑같은 시간에 똑같이 울리는 나팔인 것입니다. 그때에 천군 천사들과 부활한 성도들과 독실한 성도들이 변화해서 공중에 올라가 재림하시는 만왕의 왕 예수 그리스도를 모시고 지상에 내려와 영원한 천국에서 살게 됩니다.

이사야 51장 3절을 보게 되면, "나 여호와가 시온의 모든 황폐한 곳들을 위로하여 그 사막을 에덴 같게, 그 광야를 여호와의 동산 같게 하였나니 그 가운데에 기뻐함과 즐거워함과 감사함과 창화하는 소리가 있으리라"고 하여, 이제 잃었던 에덴동산을 회복하고 그의 그리스도의 나라에서 살게 될 것입니다.

일곱 나팔에 관한 말씀의 결론을 요약하면 다음과 같습니다. 즉, 일곱 나팔은 천국의 이정표를 보여주시는 것인데, 첫째, 둘째, 셋째, 넷째 나팔은 남북 전쟁을 거쳐서, 다섯째 나팔은 황충이 화를 5개월에 거쳐서, 여섯째 나팔은 동서 전쟁을 거쳐서, 일곱째 나팔은 복음이신 예수님의 재림으로 마지막 아마겟돈 전쟁을 끝으로 이제 승리하신 구세주 예수님과 구원받은 우리들은 예수 그리스도의 나라에서 살게 된다는 것입니다.

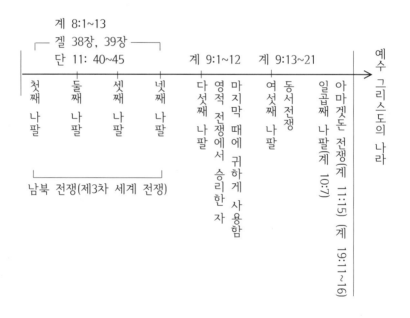

▲ 일곱 나팔로 보여주신 천국의 이정표 그림
(전쟁사적으로 보는 천국의 이정표 그림)

이 그리스도의 나라를 사모하는 주님의 사랑을 입은 형제들은 견실하게 흔들리지 말고 항상 주의 일에 더욱 힘쓰는 자들이 되어 이 마지막을 슬기롭게 상처받지 않고 그리스도의 나라에서 할렐루야를 부르며 살 수 있기를 힘써야 할 것입니다.

4. 70이레로 보여주신 천국의 이정표

앞에서는 계시록을 중심으로 일곱 인과 일곱 나팔로 보여주신 천국의 이정표를 말씀드렸는데, 갑자기 다니엘 9장의 말씀에서 다니엘에게 보여주신 70이레의 계시로 보여주신 천국의 이정표를 말씀드리는 것에는 이유가 있습니다.

요한계시록에서는 여러 가지 형태로 천국의 이정표를 보여주셨다고 말씀드린 바 있었습니다만, 그것을 바로 깨닫고 이해하려면 다니엘서에서 보여주신 70이레를 먼저 이해하는 것이 필수적입니다. 이것은 마치 우리가 수학 공부에서 기초적으로 구구단을 모르고서 할 수 없는 것과 마찬가지로, 다니엘 9장에 나오는 70이레의 계시를 모르면 요한계시록 11장 2~3절과 12장 6절 그리고 13장

5절의 말씀 가운데 천이백육십 일과 마흔두 달이라는 숫자와, 계시록 11장 11절의 삼일 반 그리고 계시록 12장 14절에 나오는 한 때와 두 때, 반 때를 이해하기가 힘들기 때문입니다.

많은 사람들이 요한계시록을 바로 이해하지 못하고 곡해하는 이유가 여기에 있습니다. 성경의 이해하기 어려운 구절은 반드시 그 이해의 실마리를 성경에서 찾아야 합니다. 그 까닭은 성경의 모든 말씀에는 짝이 있기 때문입니다. 계시록에 나타난 모든 숫자는 다니엘 9장에 나오는 70이레 계시에 근거하고 있습니다.

그러면 다니엘 9장의 말씀을 자세히 말씀드리기로 하겠습니다.

다니엘 9장은 1~27절로 되어 있습니다. 그 1절과 2절을 보면 다니엘은 메대 족속 아하수에로의 아들 다리오가 갈대아라는 나라의 왕으로 세움을 받던 원년, 첫 해에 하나님의 말씀 예레미야 서책을 읽다가 깨달음을 받았습니다. 무슨 깨달음인지는 다음과 같습니다.

이스라엘이 바벨론에 의해 멸망 받아 포로로 끌려와 살게 되었습니다. 그러나 다니엘은 흠이 없고 용모가 아름답고 모든 지혜를 통찰하며 지식에 통달하고 학문에 익숙하여 왕궁에 설 만한 소년으로 인정받아 세 친구와 더불어 갈대아 사람의 학문과 언어를 가르침 받았습니다. 하나님께서는 다니엘을 비롯한 세 친구의 돈독한 신앙을 보시고 학문을 주시고 모든 서적을 깨닫게 하시며 지혜를 주셨는데, 특별히 다니엘에게는 모든 환상과 꿈을 깨달아 알게 하는 은사를 더해 주셨습니다.

그래서 다니엘은 느브갓네살왕, 벨사살왕, 다리오왕 삼대에 걸쳐서 온 나라를 다스릴 수 있는 제2인자로서 명망을 떨치며 하나님의 영광을 드러내며 살던 중 하루는 예레미야 서책을 읽다가 깨달음을 얻었습니다. 그것은 이스라엘 민족이 70년이 차면 해방을 받고 예루살렘에 귀환하여 다시금 국권을 회복하고 살게 될 것이라는 것이었습니다.

그러면 예레미야 선지자께서 쓰신 그 서책에 과연 그러한 예언이 기록되어 있는 말씀이 있는지 찾아보십시다. 그 예언은 두 군데에 기록되어 있습니다.

예레미야 25장 11절~12절을 보면 "이 모든 땅이 폐허가 되어 놀랄 일이 될 것이며 이 민족들은 칠십 년 동안 바벨론의 왕을 섬기리라, 여호와의 말씀이니라 칠십 년이 끝나면 내가 바벨론의 왕과 그의 나라와 갈대아인의 땅을 그 죄악으로 말미암아 벌하여 영원히 폐허가 되게" 한다고 하였으며,

예레미야 29장 10절을 보면 "여호와께서 이와 같이 말씀하시니라 바벨론에서 칠십 년이 차면 내가 너희를 돌보고 나의 선한 말을 너희에게 성취하여 너희를 이곳으로 돌아오게 하리라" 하였습니다.

다니엘은 예레미야 서책을 읽다가 70년이 차면 예루살렘으로 귀환할 것을 깨달았던 것입니다. 다니엘은 이 말씀을 깨닫고, 이 말씀을 붙잡고서 다니엘 9장 3~19절에서와 같은 기도를 하되 금식하며 하였습니다. 3절에서 19절까지의 기도의 내용을 20절의 한 절에 요약하여 다음과 같이 말씀하고 있습니다.

"내가 이같이 말하여 기도하며" ① 내 죄 자신의 죄를 먼저

자복하고, ② 내 백성 이스라엘의 죄를 자복하고, ③ 하나님의 거룩한 산을 위하여 하나님 앞에 기도하였다고 하였는데, 여기에 거룩한 산을 위하여서는 무너진 예루살렘의 성전을 재건하기 위한 기도였다고 하겠습니다.

이것이 확실한 것은 19절을 보면 "주여 들으소서 주여 용서하소서 주여 귀를 기울이시고 행하소서 지체하지 마옵소서 나의 하나님이여 주 자신을 위하여 하시옵소서 이는 주의 성과 주의 백성이 주의 이름으로 일컫는 바 됨이니이다" 한 것을 보아 알 수 있습니다.

우리가 기도에 관하여 배울 것은 다니엘처럼 깨달은 말씀을 붙잡고 기도해야 한다는 것입니다.

그러면 다니엘의 기도를 들으신 주님의 응답이 무엇이었습니까?

가브리엘 천사가 하나님의 명령을 받고 다니엘에게 나타나 너는 크게 은총을 입은 자라, 그런즉 너는 이 일을 생각하고 그 환상을 깨달아 알지니라고 하셨습니다. 깨달아 알지니라라고 환상을 보여주신 내용이 70이레의 천국의 이정표입니다.

그런데 왜 다니엘은 70년이 차면 본국으로 돌아오게 된다는 말씀을 붙잡고 기도했는데, 거기에 대해선 한 말씀도 없이 70이레의 환상만을 보여주셨을까요? 저는 이에 대하여 다음과 같이 이해하였습니다.

다니엘이 70년이 차면 돌아오게 된다는 예레미야 서책의 예언의 말씀을 믿고 기도한 때는 느브갓네살왕과 벨사살왕, 다리오왕 3대에 걸쳐서 국무총리와 같은 위치에 있었을 때입니다. 그가 그들 왕들과 함께 지내는 동안 세월이 많이 지나서 그 70년이 다 차는 것은, 어떤 분은 1년쯤 남았다고 하기도 하고 다른 분은 3년쯤 남았을 것이라 언급하기도 합니다만, 하여튼 심히 가까운 시기인 것만큼은 분명합니다. 그래서 다니엘은 당면한 현실 문제, 즉 자기 나라와 민족을 둘러싼 하나님의 뜻이 이루어지기를 간구했던 것입니다. 하지만 하나님은 이스라엘뿐만 아니라 전 세계를 통치하시는, 전에도 계시고 이제도 계시며 장차 오실 이이시자, 알파와 오메가 되시고 처음과 나중 되시며 시작과 끝이 되셔서 역사 세계를 주관하신 분으로서 이제 이스라엘이 해방되어 옛 땅으로 돌아가는 문제는 이미 예레미야 선지자를 통하여 말씀하여 주셨기 때문에, 다시 말하면 이 사건은 기정사실이기 때문에 다시 언급하지 않으셨던 것입니다. 그리고서는 항상 하나님을 사랑하고 섬기되 하루 세 번 예루살렘 방향의 창문을 열어놓고 기도하는 기도의 사람이요 하나님의 말씀인 성경을 사랑하여 애독할 뿐 아니라 하나님 말씀대로 순종하며 충성되고 신실하게 사는 다니엘을 통해서 새로운 하나님의 작정하신 뜻과 계획을 계시하신 것이 70이레 계시인 것입니다.

그러므로 이 계시는 세계적인 문제요 전 인류의 문제입니다.

그러면 70이레의 내용이 무엇이기에 천국의 이정표가 되는지 자세히 말씀을 집중하여 보시길 바랍니다.

다니엘 9장 24절~27절까지의 말씀입니다. 뭐라고 하셨습니까? "네 백성과 네 거룩한 성을 위하여 일흔 이레를 기한으로 정하였나니 허물이 그치며 죄가 끝나며 죄악이 용서되며 영원한

의가 드러나며 환상과 예언이 응하며 또 지극히 거룩한 이가 기름 부음을 받으리라, 그러므로 너는 깨달아 알지니라 예루살렘을 중건하라는 영이 날 때부터 기름 부음을 받은 자 곧 왕이 일어나기까지 일곱 이레와 예순두 이레가 지날 것이요 그 곤란한 동안에 성이 중건되어 광장과 거리가 세워질 것이며, 예순두 이레 후에 기름 부음을 받은 자가 끊어져 없어질 것이며 장차 한 왕의 백성이 와서 그 성읍과 성소를 무너뜨리려니와 그의 마지막은 홍수에 휩쓸림 같을 것이며 또 끝까지 전쟁이 있으리니 황폐할 것이 작정되었느니라, 그가 장차 많은 사람들과 더불어 한 이레 동안의 언약을 굳게 맺고 그가 그 이레의 절반에 제사와 예물을 금지할 것이며 또 포악하여 가증한 것이 날개를 의지하여 설 것이며 또 이미 정한 종말까지 진노가 황폐하게 하는 자에게 쏟아지리라 하였느니라 하니라" 하셨습니다.

좀 어렵게 느껴질 것입니다. 그러면 이해를 돕기 위하여 해석해 드리겠습니다.

70이레를 기한으로 정했다고 하였는데, 무엇을 정했다는 말입니까? 70이레가 지나면 24절과 같이 된다는 것입니다. 여섯 가지를 말씀해 주셨습니다. ① 허물이 그치고, ② 죄가 끝나며, ③ 죄악이 용서되고, ④ 영원한 의가 드러나며, ⑤ 환상과 예언이 응하고, ⑥ 지극히 거룩한 이가 기름 부음을 받으리라 하였습니다.

지극히 거룩한 자가 기름 부음을 받으리라고 하셨는데, 이분이 누구십니까? 거룩하신 예수님께서 만왕의 왕으로서 재림하심으로써 위에서 밝힌 여섯 가지의 세계, 그리스도의 나라가 이루어지는 것입니다.

70이레 계시의 말씀 중에는 기름 부음 받는다는 말씀이 세 번 나옵니다. 24절에 나온 기름 부음 받은 자는 재림하시는 예수님께서 만왕의 왕으로 재림하심을 보여준 것입니다. 그리고 25절의 기름 부음을 받으라 하심은 예수님께서 초림하셔서 공생애에 들어가기 전에 마태복음 3장 13~17절의 요단강에서 세례 요한으로부터 세례를 받으실 때 성령으로 기름 부음을 보여주는 것입니다. 또한 26절에서 기름 부음 받은 자가 끊어져 없어진다고 하심은 예수님께서 십자가에서 죽으실 것을 보여주고 있는 것입니다.

그런데 70이레가 지나 예수님이 재림하시고 그리스도의 나라가 이루어지기까지를 성경이 해석해 주셨는데, 그 내용을 천국의 이정표라 할 수 있습니다.

그러면 그 기점을 언제부터 계산하라 하셨습니까? 예루살렘을 중건하라는 영이 날 때부터 계산을 하라는 것입니다. 예루살렘을 중건하라는 영과 관련하여 살펴보면 다니엘이 이 계시를 받은 이후에 예루살렘과 관계된 영은 세 번 있었습니다.

① 에스라 1장 1절을 보면 바사 왕 고레스 원년에 여호와께서 예레미야의 입을 통하여 하신 말씀을 이루게 하시려고 바사 왕 고레스의 마음을 감동시키시매, 그가 온 나라에 공포도 하고 조서를 내리기를 하늘의 하나님 여호와께서 명령을 하셨으니 이스라엘 백성 된 자는 다 고토에 돌아가 성전을 재건하라고 하였습니다. 이때가 BC 538년입니다.

② 느헤미야 2장 5~8절을 보면 느헤미야가 하나니를 통해서

예루살렘의 백성들이 큰 환난을 당하고 능욕을 받으며 성은 허물어지고 성문은 불탔다는 소식을 듣고 앉아서 울며 수일 동안 슬퍼하며 하늘의 하나님께 기도할 뿐 아니라 조국과 백성들을 생각하여 얼굴에 수심이 가득하여 아닥사스다왕을 시중드는 중에, 왕이 네가 병이 없거늘 어찌 얼굴에 수심이 있느냐 이는 필연 네 마음에 근심이 있음이로다, 그때에 조국 백성과 예루살렘 성읍의 형편을 고하며 자기를 조상들의 묘실이 있는 성읍에 보내어 그 성을 건축하게, 백성을 도울 수 있게 하옵소서 할 때 조서를 내렸습니다. 이때가 BC 444년입니다.

③ 에스라 7장 12~13절을 보면 아닥사스다왕이 한 번 더 조서를 내립니다. "모든 왕의 왕 아닥사스다는 하늘의 하나님의 율법에 완전한 학자 겸 제사장 에스라에게 조서를 내리노니 우리나라에 있는 이스라엘 백성과 그들 제사장들과 레위 사람들 중에 예루살렘으로 올라갈 뜻이 있는 자는 누구든지 너와 함께 갈지어다" 라고 하였습니다. 이때가 BC 457년입니다.

이와 같이 세 번의 조서를 통한 영이 있었는데, 어느 연대와 영을 중심으로 70이레에 대한 해석의 기점으로 하느냐 할 때 BC 457년을 기점으로 하여야 올바른 견해라고 생각합니다.

그 이유는 이 영이 날 때부터 기름 부음을 받은 자, 곧 왕이 일어나기까지 7이레와 62이레가 지낸다고 했기 때문입니다. 여기 기름 부음 받은 왕은 예수님께서 초림하신 후 요단강에서 세례 요한에게 세례를 받을 때 성령으로 기름 부음을 받고 이는 내 사랑하는 아들이요 내가 기뻐하는 자라고 말씀할 때를 가리킵니다.

이후 진리의 왕으로서 역사하신 것입니다. 이때가 AD 26년이 됩니다. 예수님이 태어나신 시기는 BC 4년으로 AD 26년에 기름 부음을 받은 것입니다. 30세 때 기름 부음이 됩니다.

70이레를 천국의 이정표로 보아 계산하면, 중건령이 내릴 때부터 7이레와 62이레가 지나면 기름 부은 자가 일어난다고 하고 있는데, BC 457년을 기점으로 7이레와 62이레를 합치면 69이레가 됩니다. 그런데 여기서 69이레는 483일입니다. 여기서 1일은 1년으로 보고 계산하여야 합니다. 그것은 에스겔 4장 6절을 보면 에스겔에게 너는 오른쪽으로 누워 유다족속의 죄악을 담당하라 내가 네게 40일로 정하였나니 하루가 1년이라 하였고, 창세기 29장 27절을 보면 야곱이 라헬을 사랑하여 결혼하려 했지만 외삼촌 라반에게 속아 레아를 취하게 되었고 다시 라헬을 얻고자 할 때 이를 위하여 7일을 채우라 우리가 그도 네게 주리니 네가 또 나를 위하여 7년 동안 섬길지니라 하였습니다. 민수기 14장 33~34절을 보면 이스라엘을 광야 40년을 방황하게 하는 것도 정탐한 날 수 40일을 하루를 1년으로 계산하여 40년 동안 그들의 죄악을 담당케 하였기 때문입니다. 그러니까 7이레(49일)와 62이레(434일)를 합쳐서 483일은 하나님의 계수법에 따라 483년으로 이해되어야 합니다.

그러면 여기서 알아야 할 일이 있습니다. 그것은 30세 때 예수님이 기름 부음 받은 것으로 나타나야 하는데, 왜 AD 26년(26세)으로 계산이 되는 것인가 하는 것입니다. 그것은 예수님의 탄생이 AD 1년이 아니고 BC 4년이기 때문입니다.

왜 이런 착오가 나는가? 이것은 달력과 관계된 사정 때문입니다.

달력의 역사를 살펴보면, BC 47년 전에는 아무도 알 수 없었습니다. 근세 사용되는 달력은 율리우스 역과 그레고리 역으로 되어 있습니다. 율리우스 역은 로마 시저가 애굽을 정복했을 때 애굽인들이 사용하는 달력을 통해서 1년의 길이가 365일임을 알게 되고, 로마에 돌아와서 좀 더 연구하여 1년이 365.24일쯤 된다는 사실을 알게 되어 그 후 이를 토대로 하여 BC 47년에 새롭게 출판하여 사용한 달력입니다. 이 달력을 세계가 15세기까지 사용하였습니다.

그 후 천문학의 발달로 1년이 365.2422일 임을 알게 되었습니다. 이것을 바로잡기 위해 1582년 로마 법왕 그레고리 13세에 의해 10월 4일의 다음날을 10월 15일로 정하여 새롭게 편찬하여 사용하고 있는 것이 오늘날 우리가 사용하고 있는 달력 그레고리 역입니다. 이런 관계로 예수님 탄생도 AD 530년 로마 신학자 디오니시우스가 서력기원을 정할 때 4년간의 착오가 있었다는 것을 이해하고 4년을 소급하여 BC 4년이란 견해를 발표한 바 있습니다.

지금까지 70이레 계시에 관하여 7이레와 62이레가 되면 예수님이 기름 부음을 받으시고 진리의 왕으로, 하나님의 아들로 역사하시다가 62이레 후에는 끊어져 없어지는 십자가에서 죽는 것을 알 수 있습니다. 그리고 그 다음 말씀을 보면 장차 한 왕의 백성이 와서 그 성읍과 성소를 무너뜨린다고 하였는데, 이는 예수님이 십자가에서 죽으시고 부활 승천하신 후, AD 70년에 로마의 디도 장군에 의해서 예루살렘 성읍과 성전을 무너뜨린 것을 말합니다.

이에 대하여 마태복음 23장 37~38절을 보면 예수님께서도 "예루살렘아 예루살렘아 선지자들을 죽이고 네게 파송된 자들을 돌로 치는 자여 암탉이 그 새끼를 날개 아래에 모음같이 내가 네 자녀를 모으려 한 일이 몇 번이더냐 그러나 너희가 원하지 아니하였도다, 보라 너희 집이 황폐하여 버려진 바 되리라" 하였고,

마태복음 24장 1~2절을 보면 "예수께서 성전에서 나와서 가실 때에 제자들이 성전 건물들을 가리켜 보이려고 나아오니, 대답하여 이르시되 너희가 이 모든 것을 보지 못하느냐 내가 진실로 너희에게 이르노니 돌 하나도 돌 위에 남지 않고 다 무너뜨려지리라" 말씀하셨는데, 이것들은 서로 일맥상통하는 말씀이라 하겠습니다.

그 다음의 말씀은 무엇이라 했습니까? 그의 마지막은 홍수에 휩쓸림 같다고 했습니다. 결국 로마의 디도 장군을 비롯하여 그 나라도 멸망하고 만다는 것입니다. 그 후에는 또 어떤 일이 있다고 했습니까? 끝까지 전쟁이 있다고 했습니다.

전쟁과 관련해서는 구약시대나 신약시대 할 것 없이 인류 역사는 전쟁사라 할 수 있을 만큼 셀 수 없이 많은 크고 작은 전쟁이 해마다 있었다고 해도 과언이 아닐 것입니다. 앞서 일곱 나팔로 보는 천국의 이정표에서 이스라엘 백성이 독립 국가를 이루고 평안히 거할 때(겔 38:8) 남북 전쟁이 있고, 황충과의 전쟁, 동서 전쟁, 아마겟돈 전쟁을 끝으로 예수님이 재림하셔서 이 세상이 그리스도의 나라가 된다고 말씀을 밝혔듯이 끝까지 전쟁은 있을 것입니다. 어떻게 보면 인류 역사는 전쟁으로 시작했다가 전쟁으로 끝난다고 볼 수도 있습니다. 이해를 돕기 위해서 지금까지 70이레

에 관한 설명을 정리하고 계속 말씀드리겠습니다.

70이레 기점과 70이레를 7이레와 62이레를 합하여 483년이 되면 BC 4년에 탄생하신 예수님이 세례 요한에게 세례를 받을 때에 성령으로 기름 부음을 받고 진리의 왕으로 역사하시다가 끊어져 없어지는 십자가에서 죽으시고 부활 승천하시며, 그 후에는 로마에 의해서 예루살렘 성과 성전이 무너지고 로마도 멸망하고, 그 후 역사는 끝까지 전쟁이 이어질 것이라는 것은 말씀드렸습니다.

그렇다면 70이레 중 7이레와 62이레를 합하여 69이레는 설명이 되었으나 나머지 한 이레에 대해서는 설명하지 못했는데, 성경은 이것을 어떻게 말씀하고 있습니까?

한 이레에 대해서는 다니엘 9장 27절에 자세히 밝히고 있습니다. 한 이레는 역사의 최종말에 두었습니다. "그가 장차 많은 사람들과 더불어 한 이레 동안의 언약을 굳게 맺고 그가 그 이레의 절반에 제사와 예물을 금지할 것이며 또 포악하여 가증한 것이 날개를 의지하여 설 것이며 또 이미 정한 종말까지 진노가 황폐하게 하는 자에게 쏟아지리라"고 하였습니다.

그러니까 70이레 계시를 너는 깨달아 알지어다 하시며 깨닫도록 설명하실 때, 70이레 가운데 7이레와 62이레, 도합 69이레는 전반에 두었고, 남은 한 이레는 역사의 종말에 두셨는데, 그 중간에 예수 탄생하시고 진리의 왕으로 기름 부음을 받으시고 역사하시다가 십자가에 죽으시고 부활 승천하신 후 예루살렘 성과 성전은 로마의 디도 장군에 의해서 무너지고 파괴되고 말았으며, 로마도 역시 뒤따라 멸망하게 되고, 끝까지 전쟁이 계속되는 중 그(적그리스노)가 출현하여 한 이레 동안 언약을 굳게 맺는다고 하였던 것입니다. 여기서 그를 적그리스도로 보는 것은 한 이레 동안 많은 백성과 언약을 굳게 맺고 그 이레의 절반에 제사와 예물을 금지할 것이며 또 포악하여 가증한 것이 날개를 의지하여 설 것이며 또 이미 정한 종말까지 진노가 황폐케 하는 자에게 쏟아지리라 하신 말씀을 보면 확실합니다.

예수님께서도 마태복음 24장 15절에서 종말에 관하여 말씀하실 때 "그러므로 선지자 다니엘이 말한바 멸망의 가증한 것이 거룩한 곳에 선 것을 보거든 너희는 깨달으라"고 말씀하셨습니다. 다니엘이 말한 바라고 하셨는데, 바로 다니엘 9장 27절의 말씀에서 인용하신 것입니다.

한 이레는 둘로 나누어지고 있습니다. 이레의 절반이란 말입니다. 절반이면 3년 반입니다. 이 말씀을 근거로 하여 전 삼년 반, 후 삼년 반이란 말을 사용하고 있습니다. 전 삼년 반은 1960일로, 후 삼년 반은 42달로 혹은 한 때 두 때와 반 때라고도 표현들을 합니다.

전에는 한 이레를 7년 환난의 기간이라고도 주장한 자들이 많이 있었지만, 정확히 말하면 한 이레의 절반(3년 반)만이 제사와 예물을 금지한다고 하였고, 이 기간 동안 포악하여 가증한 것이 날개를 의지하여 설 것이며, 또 이미 정한 종말에 진노가 쏟아져 멸망할 것입니다.

정한 종말의 날은 예수 그리스도께서 만왕의 왕으로 재림하여 심판할 것을 의미합니다. 이와 같은 사실을 바울 사도는 데살로니가

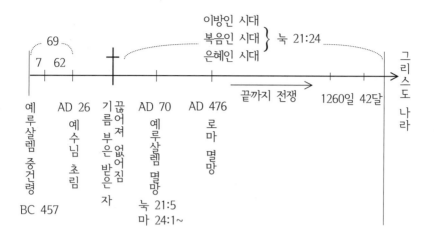

▲ 70이레로 보여주신 천국의 이정표 그림

후서 2장 8절에서 그때에 불법한 자가 나타나리니 주 예수께서 그 입의 기운으로 그를 죽이시고 강림하여 나타나심으로 패한다 하였고, 데살로니가후서 2장 3절에서는 주의 재림에 관하여 언급하시면서 누가 어떻게 하여도 너희가 미혹되지 말라 먼저 배교하는 일이 있고 저 불법의 사람 곧 멸망의 아들이 나타나기 전에는 그 날이 이르지 아니한다고 하였으며, 요한계시록 19장 11절 이하를 보면 백마를 타고 강림하신 예수께서 공의로 심판하며 싸우시는데, 짐승(적그리스도)과 땅의 임금들과 그들의 군대들이 모여 백마 타고 강림하시는 주님과 그 군대와 더불어 전쟁을 일으키다가 짐승이 잡히고 그 앞에서 표적을 행하던 거짓 선지자도 함께 잡혀 심판 받아 유황불 붙는 못에 던져진다고 했습니다. 이와 같은

70이레의 이정표대로 이루어지는 날이 그리스도의 나라, 천국이
될 것입니다.

5. 3화로 보여주신 천국의 이정표

요한계시록 8장 13절을 보면 "내가 또 보고 들으니 공중에 날아가는 독수리가 큰 소리로 이르되 땅에 사는 자들에게 화, 화, 화가 있으리니 이는 세 천사들이 불어야 할 나팔 소리가 남아 있음이로다" 하였습니다.

앞에서 요한계시록 8장 1절 이하에 나타나는, 일곱째 인을 떼실 때에 하나님 앞에 일곱 천사가 서 있어 일곱 나팔을 받았고, 일곱 나팔을 가진 천사들이 첫째 천사, 둘째 천사, 셋째 천사, 넷째 천사가 나팔을 부니 땅과 바다와 강과 물샘, 하늘의 해와 달과 별들의 3분의 1이 타버리고 피가 되고 쓴 물이 되고 어두워지는 무서운 전쟁으로 재앙을 받게 될 것이라는 말씀을 일곱 나팔로 보는 천국의 이정표라는 제목으로 설명하였습니다. 여러분은 이제 그것이 바로 신약의 마지막 때 있을 남북 전쟁이라는 것을 이해했으리라 믿습니다.

그런데 남북 전쟁 후에는 화가 세 번 있다고 하면서 그것은 세 천사들이 불어야 할 나팔 소리가 남아 있음이로다라고 하였습니다. 그렇다면 다섯째 나팔과 여섯째 나팔과 일곱째 나팔이 3화가 된다는 것은 이해가 될 것입니다.

일곱 나팔에 관한 말씀은 계시록 8~11장까지에서 언급하고 있는데, 다섯째 나팔은 계시록 9장 1~12절, 여섯째 나팔은 계시록 9장 13~21절, 일곱째 나팔은 계시록 10장과 11장에서 말씀하고 있습니다.

계시록 9장 12절을 보면 "첫째 화는 지나갔으나 보라 아직도 이후에 화 둘이 이르리로다" 하였고, 둘째 화는 계시록 11장 14절에서 "둘째 화는 지나갔으나 보라 셋째 화가 속히 이르는도다" 하였습니다.

3화를 설명하기 전에 먼저 밝히고자 하는 것은 전쟁은 신자나 불신자가 다 같이 당하는 재앙이라고 한다면, 화는 예수를 믿지 않는 불신자들만이 당하는 고통과 저주라는 것입니다. 그래서 주제를 3화로 보여주신 천국의 이정표가 아닌 3화로 보여주신 지옥의 이정표라고 할까 하다가 예수 재림 사건과 동시의 사건이어서 그같이 정했습니다.

그러면 첫째 화가 되는 다섯째 나팔을 주목해 봅시다.

다섯째 천사가 나팔을 불매 하늘에서 땅에 떨어진 별 하나가 있는데, 그가 무저갱의 열쇠를 받았고, 그가 무저갱을 여니 그 구멍에서 큰 화덕의 연기 같은 연기가 올라오매 해와 공기가 그 구멍의 연기로 말미암아 어두워지며, 또 황충이 연기 가운데로부터 땅 위에 나오매 그들이 땅에 있는 전갈의 권세와 같은 권세를 받았습니다.

별이 하늘에서 떨어졌다고 했는데, 이 별은 무슨 별입니까? 타락한 천사라고 했습니다.

이사야 14장 12절을 보면 "너 아침의 아들 계명성이여 어찌 그리 하늘에서 떨어졌으며 너 열국을 엎은 자여 어찌 그리 땅에 찍혔는고"라고 했는데, 이는 하늘에서 하나님을 대적하다가 땅으로 쫓겨난 사탄이 바벨론 왕에게 침입하여 바벨론 왕이 사탄의 화신이 되어 자신은 물론 나라를 망하게 하였다는 것입니다.

에덴동산에서 아담과 하와를 타락케 하고 실낙원하게 한 것도 이 사탄이었습니다. 누가복음 10장 18절을 보면 예수님이 70인을 세우시고 둘씩 짝을 지어 전도자로 파송했는데, 그들이 전도하고 기뻐하며 돌아와 보고하기를 주여 주의 이름이면 귀신들도 우리에게 항복하더이다 할 때에 예수께서 이르시되 사탄이 하늘로부터 번개같이 떨어지는 것을 보았노라고 하였습니다.

이 사탄이 무저갱의 열쇠를 가지고 무저갱을 여니 연기가 나오고 연기 가운데서 황충들이 땅 위에 나오매 그들이 전갈과 같은 권세를 받았다고 했습니다.

무저갱은 사탄의 금고처입니다. 계시록 20장 1~3절을 보면 "또 내가 보매 천사가 무저갱의 열쇠와 큰 쇠사슬을 그의 손에 기지고 하늘로부터 내려와서, 용을 잡으니 곧 옛 뱀이요 마귀요 사탄이라 잡아서 천 년 동안 결박하여, 무저갱에 넣어 잠그고 그 위에 인봉하여 천 년이 차도록 다시는 만국을 미혹하지 못하게 하였다"고 했습니다.

계시록 9장에 보면 떨어진 별이 무저갱의 열쇠를 가지고 무저갱을 여는데, 연 자는 타락한 천사인 사탄으로 열쇠를 가지고 여니 황충이 나왔고, 계시록 20장 1~3절에는 하늘에서 내려온 천사가 무저갱의 열쇠를 가지고 사탄을 무저갱에 던져 넣는데, 넣는 자는 타락하지 않고 하나님의 뜻을 따라 순종한 선한 천사입니다.

황충이 전갈과 같은 권세를 가졌는데 모양이 ① 전쟁을 위하여 준비한 말들 같고, ② 그 머리에는 금과 같은 관 비슷한 것을 썼으며, ③ 얼굴은 사람의 얼굴 같고, ④ 또 여자의 머리털 같은 머리털이 있고, ⑤ 그 이빨은 사자의 이빨 같으며, ⑥ 또 철 호심경 같은 호심경이 있고, ⑦ 그 날개들의 소리는 병거와 많은 말들이 전쟁터로 달려 들어가는 소리 같으며, ⑧ 또 전갈과 같은 꼬리와 쏘는 살이 있어, ⑨ 다섯 달 동안 사람들을 해하는 권세를 가졌더라, 그들에게 왕이 있으니 무저갱의 사자라 했습니다. 그리고 "그들에게 왕이 있으니 무저갱의 사자라 히브리어로는 아바돈이요 헬라어로는 그 이름이 아볼루온이더라" 하였습니다.

히브리어로는 그 이름이 아바돈이라고 하는데 파괴자라는 뜻이고, 헬라어로는 그 이름이 아볼루온이라 하였는데, 거기에는 활이라는 뜻이 있습니다.

황충의 모양을 통해 알 수 있는 것은 그것이 ① 전쟁을 좋아하고,

② 가장을 잘하고, ③ 지혜가 있고, ④ 흉하고, ⑤ 잔인하고, ⑥ 자기 보호에 능하고, ⑦ 요란하고, ⑧ 괴로운 고통을 주고, ⑨ 활동하는 기한은 다섯 달로 제한되어 있으며, ⑩ 군대와 같이 계급이 있는 왕이 있어 지배한다는 것입니다. 왕의 이름 그대로 활을 사용하여 파괴하는 일을 하는 것이 전갈이 사람을 쏠 때에 괴로운 것과 일치한다는 것을 보여준다 하겠습니다.

그러면 누구를 괴롭게 쏘는 것입니까?

계시록 9장 4절을 보면 오직 하나님의 인침을 받지 아니한 사람들만 해하라는 것입니다. 하나님께서는 택하시고 부르시고 예수 그리스도를 믿음으로 구원 받은 백성은 구원의 보증으로 성령으로 인치십니다. 에베소서 1장 13~14절을 보면 "너희는 진리의 말씀 곧 너희의 구원의 복음을 듣고 그 안에서 믿어 약속의 성령으로 인치심을 받았으니 이는 우리 기업의 보증이 된다"고 하였고, 계시록 7장 3절 이하를 보면 "우리가 우리 하나님의 종들의 이마에 인치기까지 땅이나 바다나 나무들을 해하지 말라" 하시고 144,000명에게 인치심을 볼 수 있으며, 계시록 14장 1절을 보면 어린 양이 시온 산에 섰고 그와 함께 144,000이 서 있는데, 그들의 이마에 인치심을 밝히 말씀하시되 어린 양의 이름과 그 아버지의 이름을 썼다고 하였습니다.

그러니까 예수의 사람, 하나님의 사람은 황충이 조금도 해하지 못하고, 인침을 받지 못한 자들만이 해함을 받고 괴로움을 받는데 죽고 싶어도 죽지 못할 만큼 다섯 달 동안 제한적으로 받는 것이 첫째 화입니다. 즉 사탄과 그 졸개 귀신에 의해 당하는 화인 것입니다.

그러면 둘째 화는 무엇입니까?

3화를(계 8:13) 말할 때 분명히 밝히기를 이후에 불어야 할 세 천사의 나팔소리라고 하였습니다. 첫째 화는 계시록 9장 1~12절에서 다섯째 천사의 나팔의 황충의 화라는 것을 알 수 있었습니다. 그리고 이후에 화 둘이 있다 했습니다.

그렇다면 여섯째 나팔이 두 번째 화가 되는데, 여섯째 나팔은 계시록 9장 13~21절에 기록되어 있습니다. 그런데 둘째 화는 지나갔으나 보라 셋째 화가 속히 이르는도다라고 계시록 11장 14절에서 말씀하였습니다.

그러므로 둘째 화를 밝히 이해하려면 계시록 9장 13절부터 계시록 11장 14절까지를 묶어서 이해할 필요가 있습니다. 앞에서 말씀드린 것처럼 화는 예수를 믿지 않는 불신자들에게만 미친다고 하였습니다.

첫째 화와 둘째 화는 영적인 화입니다. 이미 앞에서 밝힌 대로 첫째 화는 하나님의 인치심을 받지 못하고 예수를 믿지 않고 성령으로 인치심을 받지 못한 그 마음과 영이 고통과 괴롬을 받는 것입니다.

둘째도 그 사람의 마음과 영의 문제의 화입니다. 동서 전쟁으로 세계의 3분의 1이나 되는 사람이 죽는 엄청난 재앙을 겪었는데도 계시록 9장 20~21절을 보면 "이 재앙에 죽지 않고 남은 사람들은 손으로 행한 일을 회개하지 아니하고 오히려 여러 귀신과 또는 보거나 듣거나 다니거나 하지 못하는 금, 은, 동과 목석의 우상에게 절하고 또 그 살인과 복술과 음행과 도둑질을 회개하지 아니하더라" 하였습니다.

회개하지 않는 것이 둘째 화입니다. 회개는 마음의 문제요 영적인 문제입니다. 영적으로 죽은 자입니다. 회개하지 못한 심령은 결국은 구원 받지 못하고, 영과 육이 저주 받아 천국이 아닌 지옥에 갈 수 밖에 없기 때문입니다.

그렇다면 왜 계시록 10장을 넘어 11장 14절에서 "둘째 화는 지나갔으나 셋째 화가 속히 이르는도다" 한 것입니까?

하나님께서는 마지막 때 그리스도의 나라 천국이 임박하기 전, 베드로후서 3장 6~9절에서 "사랑하는 자들아 주께는 하루가 천 년 같고 천 년이 하루 같다는 이 한 가지를 잊지 말라 주의 약속은 어떤 이들이 더디다고 생각하는 것같이 더딘 것이 아니라 오직 주께서는 너희를 대하여 오래 참으사 아무도 멸망하지 아니하고 다 회개하기에 이르기를 원하시느니라" 하였고, 마태복음 3장 2절을 보면 세례 요한이 유대 광야에서 전파한 첫 말씀이 "회개하라 천국이 가까이 왔느니라" 하였으며, 마태복음 4장 17절을 보면 예수께서 첫 번째로 전파하는 말씀도 "회개하라 천국이 가까이 왔느니라" 하였습니다.

그러므로 종말이 되어 만왕의 왕으로, 심판주로 오실 예수 재강림이 임박하므로 한 사람도 멸망하지 않고 다 구원 받게 하시려고 마지막 때 역사할 주의 종들을 세워 예언의 말씀을 전파하여 회개하고 돌아올 기회를 준 것입니다.

그 내용이 계시록 10장 11절 말씀에 기록되어 있는 "그가 내게 말하기를 네가 많은 백성과 나라와 방언과 임금에게 다시 예언하여야 하리라 하더라"고 한 것인데, 그렇다면 누가 누구에게 이같이 말씀한 것입니까?

계시록 10장 1절 이하를 보면, 힘센 다른 천사가 구름을 입고 하늘에서 내려오는데, 그 머리 위에 무지개가 있고 그 얼굴은 해 같고 그 발은 불기둥 같으며 그 손에는 펴 놓인 작은 두루마리를 들고 그 오른발은 바다를 밟고 왼발은 땅을 밟고 서 있습니다. 계시록 10장 8절 이하를 보면, 그가 천사의 손에 펴 놓인 두루마리를 가지라 하기로 내가 천사에게 나아가 작은 두루마리를 달라 한즉 천사가 이르되 갖다 먹어 버리라 네 배에는 쓰나 네 입에는 꿀같이 달리라 하거늘 내가 (요한) 천사의 손에서 작은 두루마리를 먹어 버리니 내 입에는 꿀같이 다나 먹은 후엔 내 배에는 쓰게 되더라 하였습니다. 바로 이 작은 두루마리를 먹은 자에게 부탁한 것입니다.

그리고 계시록 11장 1절 이하를 보면 "또 내게 지팡이 같은 갈대를 주며 말하기를 일어나서 하나님의 성전과 제단과 그 안에서 경배하는 자들을 측량하되 성전 밖 마당은 측량하지 말고 그냥 두라 이것은 이방인에게 주었은즉 그들이 거룩한 성을 마흔두 달 동안 짓밟으리라 내가 나의 두 증인에게 권세를 주리니 그들이 굵은 베옷을 입고 일천이백육십 일을 예언하리라" 하였습니다.

마흔두 달은 그들(적그리스도, 거짓 선지자)이 거룩한 성을 짓밟는다고 하였고, 두 증인(두 감람나무, 두 촛대)은 일천이백육십 일을 예언하리라 하였습니다. 그런즉 일천이백육십 일을 예언할 자들은 계시록 10장에서 말씀하신 작은 두루마리를 갖다 먹은 자들임을 알 수 있습니다. 두 증인, 두 감람나무, 두 촛대라 불리는 이들은 70이레 계시를 설명하면서 한 이레 즉 전 삼년 반과 후 삼년 반으로 구분하여 말씀드린 바 있습니다만, 삼년 반은 일천이백 육십 일이기도하고 42달이기도 합니다.

일천이백육십 일을 예언한 두 증인(두 감람나무, 두 촛대)은 전 삼년 반이 예언하는 기간이요, 후 삼년 반은 두 짐승(적그리스도, 거짓 선지자) 즉 계시록 13장의 바다에서 나오는 짐승과 땅에서 나오는 짐승들로서 마흔두 달 동안 거룩한 성을 짓밟을 것입니다.

그러면 일천이백육십 일을 많은 백성과 나라와 방언과 임금에게, 다시 말하면 전 세계 열방의 백성들에게 예언하는 두 감람나무, 두 촛대, 두 증인에 관하여 설명을 하고 둘째 화에 대하여 정리하겠습니다.

계시록 11장 2절 이하의 말씀을 보면 나의 두 증인이라고 했습니다.

여기서 나는 하나님입니다. 그러니까 하나님의 증인입니다. 하나님의 마지막 때 정한 기간 동안 예언하는 종들입니다.

저는 이십대 후반에 속리산 감람산기도원에서 사명의 동지 고용일 목사님과 같이 성경을 읽는 일과 기도하는 일을 중심으로 지내는 동안 성령의 충만과 은사를 인해서 많은 체험을 하였습니다. 그때 저에게 두 감람나무 중 하나라는 영감이 있을 뿐 아니라 고용일 목사님을 비롯하여 여러 분들이 입신을 통해서, 환상을 통해서, 예언을 통해서 두 감람나무 중 한 사람이라고 하면서 연단 잘 받아 감람나무의 사명을 잘 감당하여야 한다고 하시는 것이었습니다.

그때는 감람나무가 꼭 두 사람으로만 생각하였으나 계시록의 말씀을 배우고 깨닫고 보니 두 사람이 아니라 마지막 때 하나님이 증인으로 쓰시는 종들이라는 것을 알게 되었습니다.

어떤 분들은 계시록 7장 2절에서 4절 말씀을 보면 "또 보매 다른 천사가 살아계신 하나님의 인을 가지고 해 돋는 데로부터 올라와서 땅과 바다를 해롭게 할 권세를 받은 네 천사를 향하여 큰 소리로 외쳐 이르되 우리가 우리 하나님의 종들의 이마에 인치기까지 땅이나 바다나 나무들을 해하지 말라 하더라 내가 인침을 받은 자의 수를 들으니 이스라엘 각 지파 중에서 인침을 받은 자가 144,000이니"라고 하였는데 이 말씀을 인용하여 이들이 두 감람나무가 아니겠는가 라고 말합니다. 참고할 만한 견해라고 생각합니다.

제가 말씀드리고자 하는 것은 여기서 두 감람나무가 어떤 인물로 무장되어야 예언의 사명을 감당할 수 있느냐 하는 것입니다. 적어도 다섯 가지는 갖춘 인물이라고 생각합니다.

① 예언의 말씀을 아는 자입니다. 계시록 10장 10절에 있는 말씀대로 천사의 손에서 작은 두루마리를 갖다 먹어 버린 자입니다.

그러면 작은 두루마리에는 무슨 예언의 말씀이 기록되어 있었기에 이 말씀을 먹어 버린 자에게 다시 예언하라는 명령을 하셨을까요?

어떤 이는 신구약 성경의 말씀이라고 하고, 어떤 이는 요한계시록의 말씀이라고 하는 등, 여러 견해들을 밝힌 것을 들어보기도 하였고 책에 기록한 것도 보았습니다.

저는 이것을 확실히 믿고 전할 수 있는 일천이백육십 일을 예언할 수 있는 종이 되려면 밝히 깨닫고 알아야만 되겠다 생각하고 정성을 다하여 묵상하며 사모하였습니다만, 그러는 중에 성산수도원의 사명자 성회에서 김형태 목사님이 종말론을 강의하실 때 바로 알게 되었습니다. 저는 이 말씀을 깨달았던 그때의 감격을 잊을 수가 없었습니다.

그것은 작은 두루마리 내용이 계시록 14장 6절에서 12절에 나타난 영원한 복음이라는 것입니다. 저는 복음에는 화평의 복음과 영원한 복음이 있음을 알게 되었던 것입니다.

화평의 복음에 대해 말씀드리자면, 사도행전 10장 12절을 보면 고넬료 백부장이 환상을 보고 베드로를 초청했을 때 역시 환상을 통해서 그의 집에 가서 복음을 전하라 하심을 깨닫고 만유의 주되신 예수 그리스도로 말미암아 화평의 복음을 전하사 이스라엘 자손들에게 보내신 말씀이라고 하면서 화평의 복음의 내용을 계속해서 다음과 같이 말씀하셨습니다.

"곧 요한이 그 세례를 반포한 후에 갈릴리에서 시작하여 온 유대에 두루 전파된 그것을 너희도 알거니와 하나님이 나사렛 예수에게 성령과 능력을 기름 붓듯 하셨으매 그가 두루 다니시며 선한 일을 행하시고 마귀에게 눌린 모든 사람을 고치셨으니 이는 하나님이 함께하셨음이라 우리는 유대인의 땅과 예루살렘에서 그가 행하신 모든 일에 증인이라 그를 그들이 나무에 달아 죽였으나 하나님이 사흘 만에 다시 살리사 나타내시되 모든 백성에게 하신 것이 아니요 오직 미리 택하신 증인 곧 죽은 자 가운데서 부활하신 후 그를 모시고 음식을 먹은 우리에게 하신 것이라 우리에게 명하사 백성에게 전도하되 하나님이 살아 있는 자와 죽은 자의 재판장으로 정하신 자가 곧 이 사람인 것을 증언하게 하였고 그에 대하여 모든 선지자로 증언하되 그를 믿는 사람들이 다 그의 이름을 힘입어 죄사함을 받는다 하였느니라 베드로가 이 말을 할 때에 성령이 말씀을 듣는 모든 사람에게 내려오시니 베드로와 함께 온 할례 받은 신자들이 이방인에게도 성령 부어 주심으로 말미암아 놀라니 이는 방언을 말하며 하나님 높임을 들음이러라 이에 베드로에게 이 사람들이 우리와 같이 성령을 받았으니 누가 능히 물로 세례 줌을 금하리요 하고 명하여 예수 그리스도의 이름으로 세례를 베풀라 하니라" 하였습니다.

그러니까 화평의 복음이란 하나님을 경외하며 예수님이 진리와 권능으로 역사하심과 그가 죽으시고 부활하심을 믿고 죄 사함 받고 그 이름으로 물 세례와 성령 세례를 받아 예수님을 재판장, 심판주로 믿으며 하나님을 높이는 것이라 하겠습니다.

그러면 영원한 복음의 내용은 무엇입니까?

계시록 14장 6절부터 12절까지를 보십시오. 뭐라 말씀하였습니까?

"또 보니 다른 천사가 공중에 날아가는데 땅에 거주하는 자들 곧 민족과 족속과 방언과 백성에게 전할 영원한 복음을 가졌더라 그가 큰 음성으로 이르되 하나님을 두려워하며 그에게 영광을 돌리라 이는 그의 심판의 시간이 이르렀음이니 하늘과 땅과 바다와 물들의 근원을 만드신 이를 경배하라 하더라 또 다른 천사 곧 둘째가 그 뒤를 따라 말하되 무너졌도다 무너졌도다 큰 성 바벨론이여 모든 나라에게 그의 음행으로 말미암아 진노의 포도주를 먹이던 자로다 하더라 또 다른 천사 곧 셋째가 그 뒤를 따라 큰 음성으로 이르되 만일 누구든지 짐승과 그의 우상에게 경배하고 이마에나 손에 표를 받으면 그도 하나님의 진노의 포도주를 마시리니 그 진노의 잔에 섞인 것이 없이 부은 포도주라 거룩한 천사들 앞과 어린 양 앞에서 물과 유황으로 고난을 받으리니 그 고난의 연기가 세세토록 올라가리로다 짐승과 우상에게 경배하고 그의 이름표를 받는 자는 누구든지 쉼을 얻지 못하리라 하더라 성도들의 인내가 여기 있나니 그들은 하나님의 계명과 예수에 대한 믿음을 지키는 자니라" 하였습니다.

세 천사의 영원한 복음은 세 가지입니다. 작은 두루마리입니다.

간단명료하게 말씀드리자면, ① 창조주 하나님만 경외하고 그에게 영광을 돌리는 것이고, ② 바벨론은 죄악으로 멸망하며, ③ 짐승(적그리스도)과 우상(거짓 선지자)을 경배하고 이마에나 손에 표를 받으면 유황불 타는 고난을 세세토록 받는다는 것입니다.

천사가 전하는 영원한 복음인데, 이 영원한 복음이 두 감람나무가 먹어 버린 작은 두루마리요 일천이백육십 일(전 삼년 반)을 예언하는 말씀입니다. 왜냐하면 마흔두 달은 거룩한 성을 짓밟는 때이기 때문입니다.

종말의 참 두 증인 감람나무는 전 삼년 반이 되면 모두가 순교를 합니다. 그렇다면 후 삼년 반 동안에 예언할 사람을 땅에서는 찾아볼 수 없습니다. 그러므로 하나님은 후 삼년 반에는 천사를 통해서 영원한 복음을 전한 것입니다.

전 삼년 반이나 후 삼년 반이 동시대라는 것을 알아야 합니다. 그러니 두 감람나무가 일천이백육십 일 예언하는 내용이나 삼년 반 동안 세 천사가 영원한 복음을 전하는 말씀이 같을 수밖에 없지 않겠습니까?

마지막 한 이레 중 전 삼년 반에 말세에 처한 성도들 한 사람 한 사람이 창조주 하나님을 잘 경외하며 영광 돌리도록 하고, 바벨론이 멸망할 것을 확실하게 전하며 짐승과 우상과 이름 수(666)를 받으면 불과 유황불 타는 지옥에 가게 되니 절대로 어떠한 핍박과 죽음의 박해를 받을지라도 예수 재림을 초점으로 하고 천국을 소망하여 하나님의 계명과 예수에 대한 믿음을 지키도록 무장해야 할 것입니다.

그리고 두 감람나무의 사명을 잘 감당하려면 다섯 가지 인물로 무장되어야 하되,

② 권능의 사람이어야 합니다. 두 감람나무는 계시록 11장 6절에 보면 "권능을 가지고 하늘을 닫아 그 예언을 하는 날 동안 비오지 못하게 하고 또 권능을 가지고 물을 피로 변하게 하고 아무 때든지 원하는 대로 여러 가지 재앙으로 땅을 치리로다" 하였습니다. 5절을 보면 "만일 누구든지 그들을 해하고자 하면 그들의 입에서 불이 나와서 그들의 원수를 삼켜 버릴 것이요 누구든지 그들을 해하고자 하면 반드시 그와 같이 죽임을 당하리라"

하였으니, 이는 모세와 엘리야 선지자가 활동할 때와 같은 권능으로 역사했습니다.

사도행전 1장 8절을 보면 "오직 성령이 너희에게 임하시면 너희가 권능을 받고 예루살렘과 온 유대와 사마리아와 땅 끝까지 내 증인이 되리라" 하였습니다.

③ 자기의 역사 때를 알아야 합니다.

계시록 11장 3절을 보면 두 감람나무가 천이백육십 일 동안 예언하는 때를 알아야 합니다.

이때가 언제입니까? 예수님 재림하시기 전 7년부터 삼년 반입니다.

적어도 이때를 알고 역사하는 종말의 사명자로 다니엘 9장에서 말씀해 주신 70이레 계시를 바로 이해하며 이 사명자로 선택됐다면 이때 한 번 멋있게 역사할 것이라고 생각합니다.

④ 순교의 제물이 될 것을 각오해야 합니다.

계시록 11장 7~10절까지를 보면 "그들이 그 증언을 마칠 때에 무저갱으로부터 올라오는 짐승이 그들과 더불어 전쟁을 일으켜 그들을 이기고 죽일 터인즉 그들의 시체가 큰 성 길에 있으리니 그 성은 영적으로 하면 소돔이라고도 하고 애굽이라고도 하니 곧 그들의 주께서 십자가에 못 박히신 곳이라 백성들과 족속과 방언과 나라 중에서 사람들이 그 시체를 사흘 반 동안을 보며 무덤에 장사하지 못하게 하리로다 이 두 선지자가 땅에 사는 자들을 괴롭게 한 고로 땅에 사는 자들이 그들의 죽음을 즐거워하고 기뻐하면서 서로 예물을 보내리라" 하였습니다.

⑤ 부활과 승천의 능력과 영광을 확신한 자입니다.

계시록 11장 11절에서 12절을 보면 "삼 일 반 후에 하나님께로부터 생기가 그들 속에 들어가매 그들이 발로 일어서니 구경하는 자들이 크게 두려워하더라 하늘로부터 큰 음성이 있어 이리로 올라오라 함을 그들이 듣고 구름을 타고 하늘로 올라가니 그들의 원수들도 구경하더라" 하였습니다.

둘째 화에 관하여 상세히 설명하려고 하니 두 감람나무와 영원한 복음을 알아야 되겠기에 설명이 길어졌습니다만, 두 감람나무가 종말에 처한 백성들이 멸망치 않고 다 회개하고 창조주 하나님을 경외하며 바벨론은 무너짐을 알아서 짐승과 우상과 그 이름의 수 666표를 손이나 이마에 받지 않도록 순교하면서까지 권능으로 예언의 말씀을 전하였음에도 불구하고, 더욱이 여섯째 천사가 나팔을 붐으로 2억의 군대가 동원되어 사람이 3분의 1이 죽는 엄청난 재앙을 겪으면서도 회개는 하지 아니하고 귀신에게 절하고 우상에게 절하고 살인과 복술과 음행과 도둑질을 회개하지 않으니 화 받아 마땅하다 할 것입니다.

그러면 셋째 화는 무엇입니까?

계시록 8장 13절에서 "공중에 날아가는 독수리가 큰 소리로 이르되 땅에 사는 자들에게 화, 화, 화가 있으리니 이는 세 천사들이 불어야 할 나팔 소리가 남아 있음이로다 하더라"는 이 말씀을 중심으로 첫째 화는 다섯째 나팔이요, 여섯째 나팔이 둘째 화임을 알 수 있었습니다.

그렇다면 셋째 화는 일곱째 나팔이 된다는 것은 당연한 것입니다.

계시록 10장 7절을 보면 "일곱째 천사가 소리 내는 날 그의 나팔을 불려고 할 때에 하나님이 그의 종 선지자들에게 전하신 복음과 같이 하나님의 그 비밀이 이루어지리라 하더라" 하였는데, 여기서 말씀하시는 선지자들에게 전하신 복음과 같이 하나님의 그 비밀이 이루어지리라 하신 그 비밀이란 무엇입니까?

이에 대해 확실히 알 수 있게 해주시는 말씀이 계시록 11장 15절입니다.

"일곱째 천사가 나팔을 불매 하늘에 큰 음성들이 나서 이르되 세상 나라가 우리 주와 그의 그리스도의 나라가 되어 그가 세세토록 왕 노릇 하시리로다" 하였습니다.

예수께서 재림하심으로 온 세상의 왕이 되어 다스리는 나라가 이루어지는 것이 선지자들이 전한 복음의 비밀이었습니다.

그러면 일곱째 나팔이 왜 셋째 화가 되는 것입니까? 이것을 밝히 보여주신 말씀이 계시록 11장 16~18절에 기록되어 있습니다. 뭐라고 하셨습니까? "하나님 앞에서 자기 보좌에 앉아 있던 이십사 장로가 엎드려 얼굴을 땅에 대고 하나님께 경배하며 이르되 감사하옵나니 옛적에도 계셨고 지금도 계신 주 하나님 곧 전능하신 이여 친히 큰 권능을 잡으시고 왕노릇 하시도다 이방들이 분노하매 주의 진노가 내려 죽은 자를 심판하시며 종 선지자들과 성도들과 또 작은 자든지 큰 자든지 주의 이름을 경외하는 자들에게 상 주시며 또 땅을 망하게 하는 자들을 멸망시키실 때로소이다"

이 말씀에서 축복 받은 자와 저주 받은 자를 볼 수 있지 않습니까?

축복 받은 자인 주의 이름 즉 예수를 경외한 자들에게는 상을 주시지만, 저주 받은 자들은 이방 백성 곧 허물과 죄로 죽은 자들이 분노할 뿐 아니라 땅을 망하게 하는 자들이기에 심판을 받아 영혼은 물론 육체까지 심판 받은 것입니다.

그러니까 일곱째 나팔은 예수를 믿는 성도들에게는 축복이요 예수 믿지 않고 오히려 대적한 자들은 주의 진노를 자청한 어리석은 화를 받을 자들입니다.

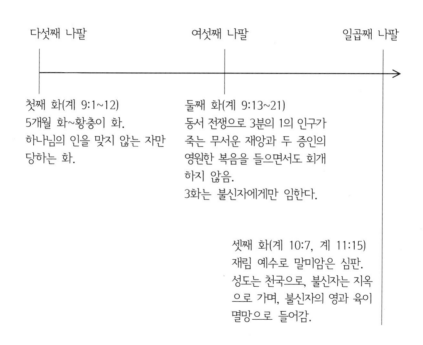

다섯째 나팔   여섯째 나팔   일곱째 나팔

첫째 화(계 9:1~12)
5개월 화~황충이 화.
하나님의 인을 맞지 않는 자만
당하는 화.

둘째 화(계 9:13~21)
동서 전쟁으로 3분의 1의 인구가
죽는 무서운 재앙과 두 증인의
영원한 복음을 들으면서도 회개
하지 않음.
3화는 불신자에게만 임한다.

셋째 화(계 10:7, 계 11:15)
재림 예수로 말미암은 심판.
성도는 천국으로, 불신자는 지옥
으로 가며, 불신자의 영과 육이
멸망으로 들어감.

▲ 3화로 보여주신 천국의 이정표

우리는 종말이 가까운 이때에 화를 받을 자들이 아니요 축복을 받을 자들이 되기 위해서 예수께서 마태복음 24장에서 이스라엘의 멸망과 주의 임하심과 세상 끝에는 무슨 징조가 있사오리이까?를 제자들이 물을 때 자세히 말씀하시고 42절 이하에서 "그러므로 깨어 있으라 어느 날에 너희 주가 임할는지 너희가 알지 못함이니라 너희도 아는 바니 만일 집 주인이 도둑이 어느 시각에 올 줄을 알았더면 깨어 있어 그 집을 뚫지 못하게 하였으리라 이러므로 너희도 준비하고 있으라 생각지 않은 때에 인자가 오리라 충성되고 지혜 있는 종이 되어 주인에게 그 집 사람들을 맡아 때를 따라 양식을 나눠 줄 자가 누구냐 주인이 올 때에 그 종이 이렇게 하는 것을 보면 그 종이 복이 있으리로다 내가 진실로 너희에게 이르노니 주인이 그의 모든 소유를 그에게 맡기리라" 하였으니 착하고 충성된 종이 되기 위해 항상 깨어 있으며 주의 일에 더욱 힘쓰는 자들이 됩시다.

6. 일곱 대접으로 보여주신 천국의 이정표

하나님께서는 구약의 선지자들을 통해서 또는 신약의 말씀을 보면 여러 형태로 천국의 이정표를 보여주신 것을 알 수 있습니다. 요한계시록을 통해서 일곱 인으로 보여주셨고 일곱 나팔로도 보여 주셨으며 일곱 대접으로도 보여주셨습니다.

일곱 인으로 보여주신 것은 서론적이고 영적이며 목차적으로 보여주신 것이라면, 일곱 나팔은 본론적이고 현상적이며 실제적으로 보여주신 것이요, 일곱 대접은 결론적이요 완성적이며 성취적인 현상이라 할 수 있습니다.

계시록의 예언의 말씀을 채필근 목사님은 말씀하시길 "모든 성경은 예수 그리스도의 십자가를 기초로 하고 있으며 예수 그리스도의 재림을 초점으로 하고 있고 예수 그리스도의 나라 천국을 소망의 지경으로 하고 있다"고 하시면서 요한계시록의 말씀도 마찬가지라고 하였습니다.

일곱 대접은 계시록 15장 1절을 보면 "또 하늘에 크고 이상한 다른 이적을 보매 일곱 천사가 일곱 재앙을 가졌으니 곧 마지막 재앙이라 하나님의 진노가 이것으로 마치리로다" 하였습니다.

이 마지막 재앙을 2절을 보면 "불이 섞인 유리 바다 같은 것"이라고 하였습니다.

불이 섞인 유리 바다는 무엇인가를 알 수 있는 말씀을 이어서 설명하여 주셨는데, 짐승과 우상과 그 이름의 수라고 하였으니 계시록 13장 1~10절의 바다에서 나온 짐승 곧 적그리스도요, 우상은 계시록 13장 11~18절의 땅에서 나온 짐승 곧 거짓 선지자요, 그 이름의 수는 666표로 짐승들이 표를 손이나 이마에 받게 하는 수입니다.

적그리스도와 거짓 선지자들은 붉은 용 마귀로부터 능력과 보좌와 큰 권세를 받아 마흔두 달 후 삼년 반 동안 짐승을 경배하고 또 짐승의 우상을 만들어 경배를 강요하고 그 이름의 수 666표를 받게 합니다.

여기에 저항하고 거절하여 경배하지 않고 표를 받지 않는 자는 몇이든지 다 죽이고 매매를 못하게 한다고 했습니다.

그러나 끝까지 믿음을 지키고 정절을 지켜 짐승과 우상을 경배하지 않을뿐더러 표를 받지 않고 이긴 자들은 불이 섞인 유리 바다를 벗어나서 하나님의 종 모세의 노래, 어린 양의 노래를 하나님의 거문고를 가지고 부른다고 했습니다.

이긴 자들은 성전 생활을 못하고 그 악한 자들의 눈을 피하여 산으로, 들로 하나님과 동행하며 보호를 받으며 지내게 될 것입니다. 이에 대한 말씀은 계시록 15장 8절을 보면 하나님의 영광과 능력으로 말미암아 성전에 연기가 가득 차매 일곱 천사의 일곱 재앙이 마치기까지는 성전에 능히 들어갈 자가 없다고 했습니다. 성전에 들어가지 못하는 대신 하늘에서 세 천사의 영원한 복음을 들으며 승리합니다.

계시록 16장 1절에 보면 "일곱 천사에게 말하되 너희는 가서 하나님의 진노의 일곱 대접을 땅에 쏟으라" 하였습니다.

"첫째 천사가 가서 그 대접을 땅에 쏟으매 짐승의 표를 받은 사람들과 그 우상에게 경배하는 자들에게 악하고 독한 종기가 나더라" 하였습니다.

표를 받지 않은 독실한 성도는 이 진노를 받지 않으나 표 받은 자들만이 악하고 독한 종기로 진노를 받습니다.

"둘째 천사가 그 대접을 바다에 쏟으매 바다가 곧 죽은 자의 피와 같이 되니 바다 가운데 모든 생물이 죽더라" 하였습니다.

"셋째 천사가 그 대접을 강과 물 근원에 쏟으매 피가 되더라 내가 들으니 물을 차지한 천사가 이르되 전에도 계셨고 지금도 계신 거룩하신 이여 이렇게 심판하시니 의로우시도다 그들이 성도들과 선지자들의 피를 흘렸음으로 그들에게 피를 마시게 하신 것이 합당하나이다 하더라 또 내가 들으니 제단이 말하기를 그러하다 주 하나님 곧 전능하신 이시여 심판하시는 것이 참되시고 의로우시도다 하더라" 하였습니다.

셋째 천사의 대접은 계시록 6장 9~11절을 보면 "다섯째 인을 떼실 때에 하나님 말씀과 그들이 가진 증거로 말미암아 죽임을 당한 영혼들이 제단 아래에 있어 큰 소리로 불러 이르되 거룩하시고 참되신 대주재여 땅에 거하는 자들을 심판하여 우리 피를 갚아 주지 아니하시기를 어느 때까지 하시려 하나이까 하니 각각 그들에게 흰 두루마기를 주시며 이르시되 아직 잠시 동안 쉬되 그들의 동무 종들과 형제들도 자기처럼 죽임을 당하여 그 수가 차기까지 하라 하시더라" 하셨는데 이 순교자들의 탄원에 대한 응답이라 하겠습니다.

"넷째 천사가 그 대접을 해에 쏟으매 해가 권세를 받아 불로 사람들을 태우니 사람들이 크게 태움에 태워진지라 이 재앙들을 행하는 권세를 가지신 하나님의 이름을 비방하며 또 회개하지 아니하더라" 했습니다.

"다섯째 천사가 그 대접을 짐승의 왕좌에 쏟으니 그 나라가 곧 어두워지며 사람들이 아파서 자기 혀를 깨물고 아픈 것과 종기로 말미암아 하늘의 하나님을 비방하고 그들의 행위를 회개하지 아니하더라" 했습니다.

"여섯째 천사가 그 대접을 큰 강 유브라데에 쏟으매 강물이 말라서 동방에서 오는 왕들의 길이 예비되었더라 또 내가 보매 개구리 같은 세 더러운 영이 용의 입과 짐승의 입과 거짓 선지자의 입에서 나오니 그들은 귀신의 영이라 이적을 행하여 온 천하 왕들에게 가서 하나님 곧 전능하신 이의 큰 날에 있을 전쟁을 위하여 그들을 모으더라", "세 영이 히브리어로 아마겟돈이라 하는 곳으로 왕들을 모으더라" 하였습니다.

이때는 계시록 16장 15절을 보니 "보라 내가 도둑같이 오리니 누구든지 깨어 자기 옷을 지켜 벌거벗고 다니지 아니하며 자기의 부끄러움을 보이지 아니하는 자는 복이 있도다" 하였습니다.

주의 재림이 임박했다는 것입니다.

"일곱째 천사가 그 대접을 공중에 쏟으매 큰 음성이 성전에서 보좌로부터 나서 이르되 되었다 하시니 번개와 음성들과 우렛소리가 있고 또 큰 지진이 있어 얼마나 큰지 사람이 땅에 있어 온 이래로 이같이 큰 지진이 없었더라 큰 성이 세 갈래로 갈라지고 만국의 성들도 무너지니 큰 성 바벨론이 하나님 앞에 기억하신 바 되어 그의 맹렬한 진노의 포도주 잔을 받으매 각 섬도 없어지고 산악도 간 데 없더라 또 무게가 한 달란트나 되는 큰 우박이 하늘로부터 사람들에게 내리매 사람들이 그 우박의 재앙 때문에 하나님을 비방하니 그 재앙이 심히 큼이러라" 하였습니다.

그동안 천국의 이정표를 여러 측면에서 보여주셨는데 각각 그 기점이 다릅니다.

인으로 보여주신 천국의 이정표의 기점은 재난의 시작이라고 하였고 나팔로 보여주신 천국의 이정표는 첫째, 둘째, 셋째, 넷째 나팔 곧 남북 전쟁이요, 70이레 계시로 보여주신 천국의 이정표의 기점은 아닥사스다 왕이 예루살렘 성을 중건하라는 영이 날 때부터요, 3화로 보여주신 천국의 이정표는 다섯 달 동안 황충이 무저갱에서 나와 하나님의 인치심을 받지 못한 자들이 괴롬을 받는 때부터요 일곱 대접으로 보여주신 천국의 이정표는 마지막 대환난의 3년 반이 시작된 때부터임을 알 수 있습니다.

일곱 대접은 붉은 용, 적그리스도, 거짓 선지자들을 경배하고 표를 받은 자들에 대한 하나님의 진노의 재앙이요 화가 내리는 때이므로 세상 끝이요 666표 받은 자들에게 악하고 독한 종기가 나는 때부터입니다. 그러기에 여섯째 대접을 유브라데에 쏟고 강물이 말라서 온 천하 왕들이 아마겟돈이라는 곳으로 모일 때는 주님의 대강림이 도둑같이 오실 때가 되었다고 하신 것입니다.

여기서 알아야 할 것이 있습니다.

그것은 여섯째 나팔과 여섯째 대접이 같은 사건임을 짐작할 수 있다는 것입니다.

여섯째 나팔은 동서 전쟁으로서 누가 이겼는가, 서방 세력인가 동방 세력인가가 확실하게 말씀으로 밝혀 있지 않고 연월일시에 이억이나 되는 군대가 동원되어 싸우는, 그래서 사람 3분의 1이 죽는 무서운 전쟁으로만 알 수 있으나, 여섯째 대접을 자세히 살펴보면 동방 세력이 패하고 서방 세력이 승리한 것을 알 수 있습니다.

여섯째 나팔에서 전쟁의 장소가 유프라테스강입니다. 유프라테스에 결박된 네 천사를 놓아 주라 할 때 연월일시에 그런 무서운 엄청난 전쟁이 있었으나 같은 장소 유프라테스에 여섯 대접을 쏟을 때 동방 왕들이 서방 세력의 주도하에 아마겟돈이라는 곳으로 집결한 것을 보아 알 수 있습니다.

서방 세력의 주도자가 적그리스도라는 것을 확실히 알 수 있는 것은 다니엘 7장 20절 이하를 보면 신로마에서 적그리스도가 나온다는 것을 말씀하고 있기 때문입니다.

온 천하 왕들을 아마겟돈으로 집결한 것은 전능하신 이의 큰 날에 있을 전쟁을 위한 것입니다. 이 전쟁이 일곱째 대접을 공중에

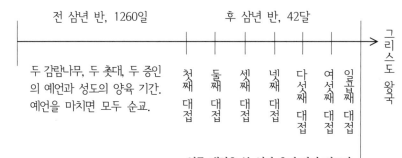

70이레 중 마지막 한 이레

전 삼년 반, 1260일 / 후 삼년 반, 42달

그리스도 왕국

두 감람나무, 두 촛대, 두 증인의 예언과 성도의 양육 기간. 예언을 마치면 모두 순교.

첫째 대접 / 둘째 대접 / 셋째 대접 / 넷째 대접 / 다섯째 대접 / 여섯째 대접 / 일곱째 대접

일곱 대접은 불 섞인 유리 바다 적그리스도와 거짓 선지자 두 짐승이 우상을 섬기게 하고, 666표 주는 기간.
우상을 섬기지 않고 666표를 받지 않는 자는 죽이고 매매도 못함.
짐승들은 일곱 대접의 화를 받고 멸망하나, 믿음을 지키며 인내하는 자는 화 받지 않고 주님을 영접하며 그리스도 나라를 유업으로 받는다.
믿음 지키고 인내하는 자들은 천사의 영원한 복음으로 인하여 보호받음으로 불 섞인 유리 바다를 건너 모세의 노래와 어린 양의 노래를 부른다.

▲ 일곱 대접으로 보여주신 천국의 이정표 그림

쏟으매 큰 음성이 성전에서 보좌로부터 나서 이르되 "되었다" 했습니다.

"되었다"가 무엇입니까? "되었다"는 이 말씀 속에는 몇 가지 뜻이 있습니다. 아마겟돈 전쟁을 포함하여 성도들이 간절히 사모하고 고대하던 예수 재림과 그리스도의 나라가 이루어진다는 것을 알게 합니다.

인으로 보면 여섯째 인이 예수 재림을 보여주고 있고, 나팔로 보면 일곱째 나팔이 예수 재림을 보여주고 있으며, 대접으로 보면 일곱째 대접이 예수 재림을 보여줍니다.

일곱째 대접은 계시록 16장 17절의 "되었다"는 이 한 말씀 속에 아마겟돈 전쟁과 예수 재림과 그리스도의 나라가 포함된 말씀이라고 했습니다만, 아마겟돈 전쟁으로 말미암아 계시록 17장과 계시록 18장의 바벨론의 멸망을 구체적으로 보여주셨고, 계시록 19장에서 아마겟돈 전쟁의 실재를 보여주셨으며, 계시록 20장부터 22장까지 그리스도의 나라, 새 하늘과 새 땅을 보여주셨기 때문입니다.

7. 천국의 이정표의 종점이 되는 아마겟돈 전쟁

아마겟돈 전쟁에 대해서는 계시록 19장 17절로 21절까지의 말씀과 스가랴 14장 1~21절과 그리고 요엘 3장 1~21절에 언급하고 있습니다. 스가랴 선지자나 요엘 선지자는 일찍이 예언을 하였고 계시록의 말씀은 그 예언의 말씀대로 성취된 내용이라 하겠습니다.

아마겟돈이라는 것은 지명으로서 신구약 성경에서 계시록 16장 16절에 단 한번 소개되어 있습니다. 아마겟돈은 하무 므깃도에서 온 말이고 그 의미는 므깃도의 산이라는 뜻이라고 합니다. 므깃도는 이스라엘에서 가장 비옥한 곡창 지대인 이스르엘평야 지대에 위치한 곳으로 이 평야를 지키는 관문과 같은 전략적 요충지였다고 합니다. 그래서 가나안 땅을 정복하려면 이스르엘평야를 장악해야 하고 이스르엘평야를 장악하려면 므깃도를 장악해야 한다는 말까지 생겨났다고 합니다. 그래서 예로부터 이 므깃도를 장악하기 위해 수많은 전쟁이 일어났습니다.

사사기 5장 19절을 보면 드보라와 아비노암의 아들 바락의 노래에서 므깃도에 대한 언급이 있습니다. "왕들이 와서 싸울 때에 가나안 왕들이 므깃도 물가 다아낙에서 싸웠으나 은을 탈취하지 못하였도다" 하였고, 열왕기하 9장 27절을 보면 "유다의 왕 아하시야가 이를 보고 정원의 정자 길로 도망하니 예후가 그 뒤를 쫓아가며 이르되 그도 병거 가운데서 죽이라 하매 이블르암 가까운 구르 비탈에서 치니 그가 므깃도까지 도망하여 거기서 죽은지라" 하였습니다.

또 열왕기하 23장 29절과 30절을 보면 "요시야 당시에 애굽의 왕 바로 느고가 앗수르 왕을 치고자 하여 유브라데강으로 올라가므로 요시야왕이 맞서 나갔더니 애굽왕이 요시야를 므깃도에서 만났을 때에 죽인지라 신복들이 그의 시체를 병거에 싣고 므깃도에서 예루살렘으로 돌아와 그의 무덤에 장사하니" 하였습니다.

근대에 와서는 1917년 알렌비 장군이 이끄는 영국군이 바로 이곳에서 오스만 제국의 군대를 굴복시켰고, 나폴레옹도 여기를 가리켜 인류 최대의 격전장으로 가장 적합한 곳이라 말한 바 있었습니다. 어떤 이는 이곳에서 20회 이상 국제 전쟁이 있었다고 말한 이도 있습니다. 지금도 므깃도 입구에 가면 인류 최후의 전쟁이 이곳에서 일어날 것으로 성경이 예언하고 있다는 내용의 안내판이 세워져 있습니다.

먼저 구약에 예언된 선지자 요엘과 스가랴가 말씀하신 아마겟돈 전쟁을 살펴보겠습니다.

① 요엘 3장에서 보여주신 아마겟돈 전쟁은 하나님이 이스라엘을 위하여 일으키시는 전쟁입니다. 다시 말하면 예수님의 재림 때를 보여주고 있습니다. 2절 상반절을 보면 내가 만국을 모아 데리고 여호사밧 골짜기에 내려가서 내 백성 곧 내 기업인 이스라엘을 위하여 만국 모든 백성을 심판하기 위하여 일으키시는 전쟁입니다.

12절을 보면 "민족들은 일어나서 여호사밧 골짜기로 올라올지어다 내가 거기에 앉아서 사면의 민족들을 다 심판하리로다" 하였습니다. 왜 심판하는가 하면 13절 하반절에 보면 "그들의 악이 큼이라"고 하였습니다.

그러면 그들의 악이 무엇입니까?

요엘 3장 2~8절을 보면,

(a) 이스라엘을 나라들 가운데에 흩어 버린 악이요,

(b) 나의 땅을 나누었음이며,

(c) 또 제비 뽑아 내 백성을 끌어가서 소년을 기생과 바꾸며 소녀를 술과 바꾸어 마신 악이요,

(d) 또 너희가 내 은과 금을 빼앗고 나의 진기한 보물을 너희 신전으로 가져간 악이요,

(e) 또 유다자손과 예루살렘 자손들을 헬라 족속에게 팔아서 그들의 영토에서 멀리 떠나게 한 악을 인하여 심판을 받게 되는 것입니다.

그러나 여호와께서는 자기 백성들에게는 복을 주십니다.

16절 이하에 보면 "여호와께서 시온에서 부르짖고 예루살렘에서 목소리를 내시리니 하늘과 땅이 진동하리로다. 그러나 여호와께서 그의 백성의 피난처 이스라엘 자손의 산성이 되시리로다. 그런즉 너희가 나는 내 성산 시온에 사는 너희 하나님 여호와인 줄 알 것이라. 예루살렘이 거룩하리니 다시는 이방 사람이 그 가운데 통행하지 못하리로다. 그날에 산들이 단 포도주를 떨어뜨릴 것이며 작은 산들이 젖을 흘릴 것이며 유다 모든 시내가 물을 흘릴 것이며 여호와의 성전에서 샘이 흘러 나와서 싯딤 골짜기에 대리라" 하였고, "유다는 영원히 있겠고 예루살렘은 대대로 있을 것이며 내가 전에는 그들의 피흘림 당한 것을 갚아 주지 아니하였거니와 이제는 갚아 주리니 이는 여호와께서 시온에 거하심이니라" 하였습니다.

② 스가랴 14장에서는 아마겟돈 전쟁의 시기를 먼저 말씀하셨는데, 여호와의 날에 일어난다고 했습니다. 그날은 하나님만이 아시는 날입니다. 요엘서에서는 "내가 만국을 모아" 라고 하셨는데, 스가랴서에서는 "내가 이방 나라들을 모아 예루살렘과 싸우게" 한다고 하였습니다. 아마겟돈에 집결한 이방의 모든 왕들과 그 군대들이 예루살렘성읍을 함락시키며 재물과 가옥이 약탈되며 부녀가 욕을 당하며 성읍백성이 절반이나 사로잡혀 가고 남은 백성은 성읍에서 끊어지지 아니하리라 하였습니다. "그때에 여호와께서 나가사 그 이방 나라들을 치시되 이왕의 전쟁 날에 싸운 것같이 하시리라"고 하였습니다. "그날에 그의 발이 감람산에 서실 것이요 감람산은 그 한가운데가 동서로 갈라져 매우 큰 골짜기가

되어서 산 절반은 북으로 절반은 남으로 옮기고 그 산골짜기는 아셀까지 이를지라 너희가 그 산골짜기로 도망하되 유다왕 웃시야 때에 지진을 피하여 도망하던 것같이 하리라" 하였습니다.

"그날에 감람산에 그의 발이 서실 것이요" 하셨는데, 이 말씀은 예수 재림을 뜻하는 말씀입니다. 주께서 십자가에서 죽으시고 부활하신 후 40일 동안 제자들에게 보이시고 하나님 나라의 일을 말씀하시고 승천하셨는데, 사도행전 1장 10~11절을 보면 "올라가실 때에 제자들이 자세히 하늘을 쳐다보고 있는데 흰 옷 입은 두 사람이 그들 곁에 서서 이르되 갈릴리 사람들아 어찌하여 서서 하늘을 쳐다보느냐 너희 가운데서 하늘로 올려지신 이 예수는 하늘로 가심을 본 그대로 오시리라" 하였는데, 다음 12절 상반절을 보면 승천하신 곳이 감람산이었습니다.

이 말씀을 생각하면, 스가랴 선지자가 예언한 예수 재림 장소와 예수 승천하실 때 흰 옷 입은 두 사람이 말씀한 그대로 감람산으로 재림하시고, 스가랴 14장 9절에 말씀과 같이 여호와께서 천하의 왕이 되시리니 그날에는 여호와께서 홀로 한 분이실 것이요 그의 이름이 홀로 하나이실 것이라고 하였습니다. 그러므로 아마겟돈 전쟁을 요엘 선지자는 이방 나라들의 지난날의 여러 죄악으로 심판 받아 멸망을 예언했다면 스가랴 선지자는 아마겟돈 전쟁의 실제 상황을 예언했다 하겠습니다.

③ 사도요한에게 예언으로 보여주신 아마겟돈 전쟁은 계시록 4장 1~3절을 보면 "이리 올라오라 이후에 마땅히 일어날 일들을 보이리라"는 하늘의 나팔소리 같은 음성을 듣고 성령에 감동되어

하늘의 열린 문으로 올라가 보니 "하늘에 보좌를 베풀었고 그 보좌에 앉으신 이가 있는데, 앉으신 이의 모양이 벽옥과 홍보석 같고 또 무지개가 있어 보좌에 둘렸는데 그 모양이 녹보석 같더라" 하였고, 계시록 5장 1절 이하를 보면 "그 보좌에 앉으신 이의 오른손에 두루마리가 있으니 안팎으로 썼고 일곱 인으로 봉하였더라 하였고 또 보매 힘있는 천사가 큰 음성으로 외치기를 누가 그 두루마리를 펴며 그 인을 떼기에 합당하냐" 합니다. 요한이 그 음성을 듣고 생각해 보니 하늘 위에나 땅 위에 능히 그 두루마리를 펴거나 보거나 할 자가 없더라 하였습니다. 천상천하에 요한 자신까지도 그 두루마리를 펴거나 보거나 할 자가 없는 것이었습니다. 그래서 크게 울었다고 했습니다.

왜? 울었을까요?

하나님이 계신 곳, 24장로들과 네 생물과 천군 천사들이 있는 곳, 그 찬란하고 화려한 영광스런 천국에 올라갔으니 즐겁고 기쁘고 감사 찬송할 상황인데 얼마나 좋았겠습니까? 그런데 일곱 인으로 봉한 그 두루마리를 떼어 펴거나 보거나 할 수 없었으니 크게 울었다고 했습니다. 울 수밖에 없는 것은 밧모섬에 찾아오신 주님께서 예수 그리스도의 계시를 하나님은 예수님께, 예수님은 천사에게, 천사는 요한에게 보내어 알게 하신 것으로, 계시록 1장 1절에서는 반드시 속히 일어날 일들이라고 하였고, 계시록 1장 19절에서는 장차 될 일을 기록해서 모든 택한 백성들에게 증거하여 알게 하려는 목적으로 올라오라 하셨는데, 그 일곱 인으로 봉한 두루마리에는 반드시 될 일, 장차 될 일, 이후에 마땅히 될 일을 기록해 두었을 것으로 생각했기 때문에 그것을 꼭 알아야 하겠지만, 누구도 그리고 그 자신까지도 그 내용을 알 수가 없게 되었기 때문입니다. 그래서 요한이 알기 원하여 대성통곡을 할 때 장로 중 한 사람이 내게 말하되 울지 말라 유대지파의 사자 다윗의 뿌리가 이기었으니 그 두루마리와 일곱 인을 떼시게 되므로 모두 알게 되었고, 24장로 네 생물 천군천사 만물이 다 이를 인하여 찬송과 존귀와 권능과 영광을 세세토록 돌리게 된 것입니다.

반드시 속히 일어날 일, 장차 될 일, 이후에 마땅히 될 일을 유대 지파의 사자요 다윗의 뿌리 되신 예수 그리스도께서 일곱 인을 떼어서 보여주신 것이 계시록 6~22장까지라는 것을 알 수 있습니다.

그런데 일곱 인으로 봉한 책은 아마겟돈 전쟁을 여러 형태로 보여주셨습니다.

일곱 인에서도 보여주셨고 일곱 나팔에서도 보여주셨고 일곱 대접에서도 보여주셨습니다.

일곱 인에서는 여섯째 인을 아마겟돈 전쟁으로 보여주셨는데, 왜냐하면 일곱째 인은 일곱 나팔이기 때문입니다. 일곱째 인을 떼니 일곱 나팔이 나오는데, 일곱째 나팔이 아마겟돈 전쟁을 의미하기 때문입니다. 일곱 대접에서는 일곱째 대접이 아마겟돈 전쟁의 양태를 보여주셨습니다. 여섯째 인이 보여주신 아마겟돈 전쟁은 계시록 6장 12절 이하입니다. "내가 보니 여섯째 인을 떼실 때에 큰 지진이 나며 해가 검은 털로 짠 상복같이 검어지고 달은 온통 피같이 되며 하늘의 별들이 무화과나무가 대풍에 흔들려 설익은 열매가 떨어지는 것같이 땅에 떨어지며 하늘은 두루마리가 말리는 것같이 떠나가고 각 산과 섬이 제자리에서 옮겨지매 땅의 임금들과 왕족들과 장군들과 부자들과 강한 자들과 모든 종과 자유인이 굴과 산들의 바위틈에 숨어 산들과 바위에게 말하되 우리 위에 떨어져 보좌에 앉으신 이의 얼굴에서와 그 어린양의 진노에서 우리를 가리라 그들의 진노의 큰 날이 이르렀으니 누가 능히 서리요 하더라" 했습니다.

마지막 아마겟돈 전쟁 때는 불신자, 적그리스도, 거짓 선지자에게 미혹 받아 그들의 편에 서서 주님을 대적하는 자는 다 두려워 떨며 자결을 외치고 멸망 받으며, 주 재림하시는 날 그 한 사람도 주님 앞에 감히 설 수 없고 멸망하게 됩니다. 그러나 계시록 7장 9~10절을 보면 "이 일 후에 내가 보니 각 나라와 족속과 백성과 방언에서 아무도 능히 셀 수 없는 큰 무리가 나와 흰 옷을 입고 손에 종려가지를 들고 보좌 앞과 어린 양 앞에 서서 큰 소리로 외쳐 이르되 구원하심이 보좌에 앉으신 우리 하나님과 어린 양에게 있도다" 하면서 그리스도의 나라에서 천국을 살게 됩니다. 이분들은 하나님의 사람들로서 인침 받은 백성들이기 때문입니다.

일곱 인을 떼니 일곱 나팔을 불게 되는데, 계시록 10장 7절을 보면 "일곱째 천사가 소리 내는 날 그의 나팔을 불려고 할 때에 하나님이 그의 종 선지자들에게 전하신 복음과 같이 하나님의 그 비밀이 이루어지리라 하더라" 하였고, 계시록 11장 15절을 보면 "일곱째 천사가 나팔을 불매 하늘에 큰 음성들이 나서 이르되 세상 나라가 우리 주와 그의 그리스도의 나라가 되어 그가 세세토록 왕 노릇 하시리로다" 하였습니다.

이 두 구절의 말씀에서 선지자들에게 전하신 복음과 같이 하나님의 비밀이 이루어진다는 하나님의 비밀이란 세상 나라가 우리 주와 그의 그리스도의 나라가 되어 그가 세세토록 왕 노릇 하심임을 알 수 있습니다.

일곱째 나팔을 아마겟돈 전쟁으로 볼 수 있는 것은 계시록 11장 16~19절까지의 말씀을 보면 이해가 될 것입니다.

"하나님 앞에서 자기 보좌에 앉아 있던 이십사 장로가 엎드려 얼굴을 땅에 대고 하나님께 경배하여 이르되 감사하옵나니 옛적에도 계셨고 지금도 계신 주 하나님 곧 전능하신 이여 친히 권능을 잡으시고 왕 노릇 하시도다 이방들이 분노하며 주의 진노가 내려 죽은 자를 심판하시며 종 선지자들과 성도들과 또 작은 자든지 큰 자든지 주의 이름을 경외하는 자들에게 상 주시며 또 땅을 망하게 하는 자들을 멸망시키실 때로소이다 하더라 이에 하늘에 있는 하나님의 성전이 열리니 성전 안에 하나님의 언약궤가 보이며 또 번개와 음성들과 우레와 지진과 큰 우박이 있더라" 하였습니다.

그리고 일곱째 천사가 일곱째 대접을 공중에 쏟으매 되었다 할 때 여러 가지 재앙이 나타났습니다.

계시록 16장 17~21절을 보면 아마겟돈 전쟁 때의 현상을 보여주고 있습니다. "번개와 큰 음성들과 우렛소리가 있었고 또 큰 지진이 있었는데 얼마나 큰지 사람이 땅에 있어 온 이래로 이같이 큰 지진은 없다"고 하였으며, "큰 성이 세 갈래로 갈라지고 만국의 성들도 무너졌고 큰 성 바벨론이 하나님 앞에 기억하신 바 되어 그의 맹렬한 진노의 포도주 잔을 받으매 각 섬도 없어지고 산악도 간 데 없더라” 하였습니다. “또 무게가 한 달란트 되는 큰 우박이 내리매 사람이 그 우박의 재앙 때문에 하나님을 비방하니 그 재앙이 심히 큼이라” 하였습니다.

특별히 여기에서 주목이 되는 것은 “큰 성 바벨론이 하나님 앞에서 기억하신 바 되어 그의 맹렬한 진노의 포도주 잔을 받으매” 입니다. 아마겟돈 전쟁으로 적그리스도의 나라 바벨론이, 또 그를 따른 땅의 왕들과 그들의 군대들이 멸망한 것입니다. 그것을 자세히 보여주신 말씀이 계시록 17장과 18장인데, 17장에서는 음녀 바벨론의, 그리고 18장에서는 큰 성 바벨론의 멸망을 보여주셨으며, 계시록 19장 1~19절은 어린양의 혼인 잔치에 청함을 받은 자들의 할렐루야 찬송과 경배를 보여주셨습니다.

일곱째 대접을 쏟을 때 큰 음성이 성전에서 보좌로부터 나서 이르되 되었다 하시니 알파와 오메가 되신 하나님이 인간 역사의 통치자의 의장대로 아마겟돈 최후의 전쟁을 승리하게 될 때 큰 음녀 바벨론과 큰 성 바벨론의 멸망을 보여주시고 성도들에게는 할렐루야 찬송을 부르며 심판하신 주님을 신랑으로 맞이하여 그리스도 나라에서 만복을 누리게 되었습니다.

이와 같이 여섯째 인에서, 일곱째 나팔에서, 일곱째 대접에서, 아마겟돈 전쟁에 관하여 보여주신 것을 계시록 19장 11~21절에서 실재적으로 실상을 보여주고 있습니다.

“또 내가 하늘의 열린 것을 보니 보라 백마와 그것을 탄 자가 있으니 그 이름은 충신과 진실이라 그가 공의로 심판하며 싸우더라 그 눈은 불꽃같고 그 머리에는 많은 관들이 있고 또 이름 쓴 것 하나가 있으니 자기밖에 아는 자가 없고 또 그가 피 뿌린 옷을 입었는데 그 이름은 하나님의 말씀이라 하더라 하늘에 있는 군대들이 희고 깨끗한 세마포 옷을 입고 백마를 타고 그를 따르더라 그의 입에서 예리한 검이 나오니 그것으로 만국을 치겠고 친히 그들을 철장으로 다스리며 또 친히 하나님 곧 전능하신 이의 맹렬한 진노의 포도주 틀을 밟겠고 그 옷과 그 다리에 이름을 쓴 것이 있으니 만왕의 왕이요 만주의 주라 하였더라 또 내가 보니 한 천사가 태양 안에 서서 공중에 나는 모든 새를 향하여 큰 음성으로 외쳐 이르되 와서 하나님의 큰 잔치에 모여 왕들의 살과 장군들의 살과 장사들의 살과 말들과 그것을 탄 자들의 살과 자유인이나 종들이나 작은 자나 큰 자나 모든 자의 살을 먹으라 하더라" 하였고,

"또 내가 보매 그 짐승과 땅의 임금들과 그들의 군대들이 모여 그 말 탄 자와 그의 군대와 더불어 전쟁을 일으키다가 짐승이 잡히고 그 앞에서 표적을 행하던 거짓 선지자도 함께 잡혔으니 이는 짐승의 표를 받고 그의 우상에게 경배하던 자들을 표적으로 미혹하던 자라 이 둘이 산 채로 유황불 붙는 못에 던져지고 그 나머지는 말 탄 자의 입으로부터 나오는 검에 죽으매 모든 새가 그들의 살로 배불리더라" 하였습니다.

그야말로 잠시 잠깐 후에 예언의 말씀대로 될 것입니다. 우리는 그날에 어린 양의 혼인 잔치에 청함을 받는 복된 성도가 될지언정 심판 받아 멸망함으로써 하나님의 큰 잔치에 속한 자가 되어 모든 새의 밥이 되어서는 절대로 안 될 것입니다.

8. 일곱 머리 열 뿔로 보여주신 천국의 이정표

일곱 머리 열 뿔이 무엇을 의미하는가를 먼저 알아야 합니다.

계시록 12장 3절과 4절을 보면 "하늘에 또 다른 이적이 보이니 보라 한 큰 붉은 용이 있어 머리가 일곱이요 뿔이 열이라 그 여러 마리에 일곱 왕관이 있는데 그 꼬리가 하늘의 별 3분의 1을 끌어다가 땅에 던지더라" 하였습니다.

일곱 머리 열 뿔은 붉은 용입니다.

계시록 12장 9절을 보면 "큰 용이 내쫓기니 옛 뱀이요 곧 마귀라고도 하고 사탄이라고 하여 온 천하를 꾀는 자라" 하였고, 계시록 20장 2절도 보면 "용을 잡으니 곧 옛 뱀이요 마귀요 사탄이라고도 하여 온 천하를 꾀는 자라" 하였습니다.

계시록 13장 1~2절을 보면 "내가 보니 바다에서 한 짐승이 나오는데 뿔이 열이요 머리가 일곱이라 그 뿔에는 열 왕관이 있고 그 머리들에는 신성 모독하는 이름이 있더라 내가 본 짐승은 표범과 비슷하고 그 발은 곰의 발 같고 그 입은 사자의 입 같은데 용이 자기의 능력과 보좌와 큰 권세를 그에게 주었더라" 하였습니다.

하나님은 스스로 계신 유일하신 분으로 전능하셔서 창세기 1장 1절을 보면 태초에 하나님이 천지를 창조하셨습니다. 하늘과 땅과 바다와 그 가운데 만물을 창조하시되 특별히 사람 아담과 또 아담을 돕는 배필로 아담으로 잠들게 하시니 잠들매 그가 그 갈빗대로 여자 하와를 만드시고 그를 아담에게로 이끌어 오시니 아담이 이르되 이는 내 뼈 중의 뼈요 살 중의 살이라 남자와 여자 둘이 한 몸을 이룰지라 하였습니다.

이들은 하나님이 지으신 심히 좋은 세상에서 이사야 51장 3절에서 말씀한 바와 같이 기뻐함과 즐거워함과 감사함과 창화하는 소리가 충만한 이상적인 낙원 생활을 할 수 있었습니다. 그런 곳에서 그들은 하나님이 주시는 복을 누렸습니다. 그들은 생육하고 번성하여 땅에 충만하고 땅을 정복하며 바다의 물고기와 하늘의 새와 땅에 움직이는 모든 생물까지 다스리며 지면의 씨맺는 모든 나무를 먹을거리로 삼았습니다. 참으로 아름다운 동산에서 행복하게 살 수 있게 하였으나, 하나님은 꼭 한 가지 금령을 주셨는데 "동산 가운데 각종나무의 열매는 네가 임의로 먹되 선악을 알게 하는 나무의 열매는 먹지 말라 네가 먹는 날에는 반드시 죽으리라" 고 하였습니다.

그런데 이 금령을 어김으로 그 좋은 낙원에서 쫓겨났고, 죽음이 아담과 하와는 물론 그 후손 대대로 불행과 비극으로 이어 오게 된 것입니다.

일곱 머리 열 뿔은 붉은 용이요 붉은 용은 옛 뱀 마귀 사탄이라고도 하고 온 천하를 꾀는 자라고 하였습니다만, 창세기 3장을 보면 창세기 1장과 2장에서 보여주신 심히 좋고 복된 낙원에 뱀이 나타나서 아담과 하와를 미혹하여 하나님의 금령에 불순종하게 하고 타락하게 하였습니다. 그리하여 인간 역사가 뱀의 지배 하에서 살 수 밖에 없는 불행한 신세가 된 것입니다.

이 뱀을 옛 뱀이라 한 것입니다.

옛 뱀에게 일곱 머리 열 뿔이 있었습니다. 이 옛 뱀도 창세기 2장 31절을 보면 "하나님이 지으신 그 모든 것을 보시니 심히 좋았더라" 하였으니 하나님이 처음에 지음 받았을 때는 좋은 동물이었을 것입니다. 그런데 창세기 3장 1절을 보면 뱀은 여호와 하나님이 지으신 들짐승 중에 가장 간교하였고, 그렇게 간교한 뱀이 되므로 아담과 하와를 꾀어 타락케 하여 하나님과의 관계에서 사탄의 관계로 추락하게 되었습니다.

하나님이 인간을 창조한 목적이 무엇입니까?

이사야 43장 7절에 "내 이름으로 불려지는 모든 자 곧 내가 내 영광을 위하여 창조한 자를 오게 하라 그를 내가 지었고 그를 내가 만들었느니라" 하였고, 이사야 43장 21절을 보면 "이 백성은 내가 나를 위하여 지었나니 나를 찬송하게 하려 함이니라" 하였습니다.

하나님의 말씀에 순종하며 창조주 하나님을 아버지라 생각하고 항상 하나님을 찬송하며 영광 돌려야 할 인간이 하나님과의 관계에서 끊어지고 뱀, 마귀, 사탄, 붉은 용, 일곱 머리 열 뿔의 관계로 전락되고 오히려 그의 종이 됨으로써 바울이 로마서 5장에서 언급한 바와 같이 불경건할 뿐 아니라 죄인이 되고 원수가 되어 하나님의 진노를 받을 수밖에 없는 자들이 되고 만 것입니다.

우리는 여기서 꼭 알고 지나가야 할 문제가 있습니다.

처음에 좋았던 동물의 하나인 뱀이 왜 간교한 뱀이 되었느냐 하는 것입니다.

이것을 이해하려면 골로새서 1장 15~16절의 말씀을 보아야 합니다. 거기서는 "그는 보이지 아니하는 하나님의 형상이요 모든 피조물보다 먼저 나신이시니 만물이 그에게서 창조되되 하늘과 땅에서 보이는 것들과 보이지 않는 것들과 혹은 왕권들이나 주권들이나 통치자들이나 권세들이나 만물이 다 그로 말미암고 그를 위하여 창조 되었다"고 하였습니다. 어떤 분은 말하기를 하나님은 전지전능하시고 선하시고 의로우시고 사랑이신데 어떻게 뱀이 간교하게 내버려 뒀는가? 심지어는 뱀을 간교하게 지으셨는가? 하면서 오해하는 분들이 있습니다만, 그것은 성경의 말씀을 잘 이해하지 못한 소치입니다. 조금 전에 보신 골로새서 1장 16절의 말씀에서 하나님은 보이는 세계만을 창조한 것이 아니고 보이지 않는 영적 세계에 많은 영물을 창조했습니다. 이 말씀을 오해한 사람들 가운데 소위 심령 과학자들이나 물리학자들이 또는 철학을 한다는 사람이나 이교도들까지도 보이는 현상 세계와 보이지 않는 영적 세계를 말하면서 보이는 현상 세계를 3차원의 세계라 하였고 보이지 않는 영적 세계를 4차원의 세계라 하였습니다. 시중에는 4차원의 세계에 관한 서책들이 많이 나와 있습니다.

이런 책들을 읽은 일부 교회 지도자들이 하나님까지도 4차원의 세계의 영물들과 동일시하여 가르치고 설교함으로써 창조주 하나님의 명예를 더럽힘으로 지탄과 오해를 받은 교회들도 있었습니다.

하나님은 절대 차원의 스스로 계신 유일하신 분으로 모든 것을 창조하시되 3차원의 세계의 모든 것과 4차원의 세계를 다 창조하신 것입니다.

보이지 않는 4차원의 세계의 창조물을 성경이 보여주신 것을 말씀드리면 계시록 4장 7~8절에 네 생물 즉 사자, 송아지, 사람의 얼굴, 독수리가 있습니다.

계시록 5장 11절에는 천사의 수가 천천만만이라 하였습니다. 계시록 12장 7절에는 미가엘과 그의 사자들도 있습니다. 누가복음 1장 19절에는 가브리엘 천사도 있습니다. 마태복음 4장 11절에는 "천사들이 나와서 수종드니라" 하였고, 마태복음 26장 53절에는 "열두 군단 더 되는 천사"라고도 하였습니다.

계시록 6장 1~8절에는 흰 말, 붉은 말, 검은 말, 청황색 말도 있습니다. 창세기 3장 24절에는 에덴동산 동쪽에 그룹들과 두루 도는 불칼이 있습니다. 이사야 6장 2절에는 스랍도 있습니다.

그렇다면 보이는 것이나 보이지 않는 것이나 좋은 것만 창조하셨는데, 붉은 용, 마귀, 사탄 일곱 머리 열 뿔 같은 것들이 하나님을 반역하고 대적하며 아담과 하와는 물론 그 후손들을 타락시키고

불행하게 하며, 마땅히 하나님을 경배하며 영광과 찬송을 돌려야
할 사람들이 붉은 용 마귀의 종이 되어 그를 섬기고 따르게 하여
하나님 앞에서 죄인이 되고 원수가 되게 하였으니 도대체 이 악마가
어떻게 심히 좋았던 세계에 침투하였단 말입니까?

이에 대한 해답을 찾기 위해서는 보이는 세계에서 아담과 하와
가 타락하기 전 보이지 않는 영적 세계에서 큰 사건이 먼저 있었음을
성경에서 발견하고 이해할 필요가 있습니다. 그것은 루시퍼의 타락
입니다. 루시퍼라는 천사가 영계에서 교만하여 하나님을 대적하고
자기가 하나님의 자리를 차지하려는 데 있습니다.

이사야 14장 12~20절을 보면 "너 아침의 아들 계명성이여
어찌 그리 하늘에서 떨어졌으며 너 열국을 엎은 자여 어찌 그리
땅에 찍혔는고 네가 네 마음에 이르기를 내가 하늘에 올라 하나님의
뭇 별 위에 내 자리를 높이리라 내가 북극 집회의 산 위에 앉으리라
가장 높은 구름에 올라가 지극히 높은 이와 같아지리라 하는도다
그러나 이제 네가 스올 곧 구덩이 맨 밑에 떨어짐을 당하리로다
너를 보는 이가 주목하여 너를 자세히 살펴보며 말하기를 이 사람이
땅을 진동시키며 열국을 놀라게 하며 성읍을 파괴하며 그에게
사로잡힌 자들을 집으로 놓아 보내지 아니하던 자가 아니냐 하리로
다 열방의 모든 왕들은 모두 각각 자기 집에서 영광 중에 자건마는
오직 너는 자기 무덤에서 내쫓겼으니 가증한 나뭇가지 같고 칼에
찔려 돌 구덩이에 떨어진 주검들에 둘러싸였으니 밟힌 시체와
같도다 네가 네 땅을 망하게 하였고 네 백성을 죽였으므로 그들과
함께 안장되지 못하나니 악을 행하는 자들의 후손은 영원히 이름이

불려지지 아니하리로다 할지니라" 하였는데, 여기 12절에 나오는 "너 아침의 아들 계명성"을 히브리 사람들은 루시퍼라고 부르고 루시퍼 천사장이라고도 합니다.

이 루시퍼가 하늘에서 쫓겨난 사건을 계시록 12장 7~9절이 보여주고 있습니다. 거기서는 "하늘에 전쟁이 있으니 미가엘과 그의 사자들이 용과 그의 사자들도 싸우나 이기지 못하여 다시 하늘에서 그들이 있을 곳을 얻지 못한지라 큰 용이 내쫓기니 옛 뱀 곧 마귀라고도 하고 사탄이라고 하며 온 천하를 꾀는 자라 그가 땅으로 내쫓기니 그의 사자들도 그와 함께 내어 쫓기니라" 하였는데, 이 자가 일곱 머리 열 뿔이 있는 옛 뱀에게 들어가 아담과 하와를 미혹한 결과 실낙원하게 되었고 천하만국의 모든 권위와 그 영광이 사탄에게 **빼앗기게** 된 것입니다.

에스겔 28장은 두로 왕이 심판을 받았는데 그도 교만하여 행하는 모든 것이 루시퍼 사탄과 동일한 사탄의 화신이 된 것 때문이었다고 말씀하고 있습니다.

베드로후서 2장 4절에서 하나님이 범죄한 천사들을 용서하지 아니하고 지옥 어두운 구덩이에 두어 심판 때까지 지키게 하였다는 것과, 유다서 1장 6절의 "또 자기 지위를 지키지 아니하고 자기 처소를 떠난 천사들을 큰 날의 심판까지 영원한 결박으로 흑암에 가두었다"는 말씀을 보면 이해에 도움이 될 것이라 생각합니다.

이제 본론으로 들어가자면 일곱 머리 열 뿔로 보여준 천국의 이정표를 잘 설명해준 말씀이 계시록 17장 1~18절에 기록되어 있습니다.

거기서는 먼저 "또 일곱 대접을 가진 일곱 천사 중 하나가 와서 이리로 올라오라 많은 물 위에 앉은 큰 음녀가 받을 심판을 네게 보이리라" 하고 많은 물에 앉은 큰 음녀가 무엇인가를 알려주셨는데, 15절에 보면 "또 천사가 내게 말하되 네가 본 바 음녀가 앉아있는 물은 백성과 무리와 열국과 방언들이니라" 하였습니다.

계시록에는 백성과 무리와 열국과 방언이란 말씀이 몇 번 나오는데, 이는 전 세계 인간 전체를 의미하고 있습니다. 하나님과 좋은 관계로도 쓰였고, 일곱 머리 열 뿔 사탄의 악한 관계로도 쓰여 있습니다.

계시록 5장 9절을 보면 "그들이 새 노래를 불러 이르되 두루마리를 가지시고 그 인봉을 떼기에 합당하시도다 일찍이 죽임을 당하사 각 족속과 방언과 백성과 나라 가운데에서 사람들을 피로 사서 하나님께 드리시고" 하였고, 계시록 7장 9절을 보면 "이 일 후에 내가 보니 각 나라와 족속과 백성과 방언에서 아무도 능히 셀 수 없는 큰 무리가 나와 흰 옷을 입고 손에 종려가지를 들고 보좌 앞과 어린양 앞에 서서" 하였습니다.

그리고 계시록 10장 11절에서는 "그가 내게 말하기를 네가 많은 백성과 나라와 방언과 임금에게 다시 예언하여야 하리라 하더라" 하였고, 계시록 11장 9절에서도 "백성들과 족속과 방언과 나라 중에서 사람들이 그 시체를 사흘 반 동안을 보며 무덤에 장사하지 못하게 하리로다" 하였으며, 또한 계시록 6장 15절에서는 "땅의 임금들과 왕족들과 장군들과 부자들과 강한 자들과 모든 종과 자유인이 굴과 산들의 바위틈에 숨어"라고 하였으며, 계시록

13장 7절을 보면 "또 권세를 받아 성도들과 싸워 이기게 되고 각 족속과 백성과 방언과 나라를 다스리는 권세를 받으니" 하였습니다.

그러니까 물에 앉은 큰 음녀는 전 세계의 열국과 그 나라에 속한 상하 인민 모두를 음행의 포도주에 취하게 한 자인데, 큰 음녀 자신의 힘으로만 한 것이 아니라 붉은 빛 짐승을 탔기 때문입니다. 붉은 짐승을 탔다는 것은 그의 옹호와 지지와 권세로 함께해 주었음을 말합니다. 이 붉은 짐승은 몸에 하나님을 모독하는 이름들이 가득하고 일곱 머리와 열 뿔이 있다고 하였는데, 계시록 12장 3절에서는 "큰 붉은 용이 있어 머리가 일곱이요 뿔이 열이라 그 여러 머리에 일곱 왕관이 있다"고 하였고, 계시록 13장 1절에서는 "바다에서 한 짐승이 나오는데 뿔이 열이요 머리가 일곱이라 그 뿔에는 열 왕관이 있고 그 머리들에는 신성 모독하는 이름들이 있더라" 하였습니다.

여기서 일곱 머리에 왕관이 있다고 하였고 열 뿔도 왕관이 있다고 하는 것을 보면 일곱 나라 제국과 열 나라 제국임을 알 수 있습니다. 그리고 "전에 있었다가 지금 없어진 짐승은 여덟째 왕이니 일곱 중에 속한 자라 그가 멸망으로 들어가리라" 하였습니다.

일곱 머리 열 뿔에 관하여 설명해 주셨는데 계시록 17장 9~14절입니다.

"지혜 있는 뜻이 여기 있으니 그 일곱 머리는 여자가 앉은 일곱 산이요 또 일곱 왕이라 다섯은 망하였고 하나는 있고 다른 하나는 아직 이르지 아니하였으나 이르면 반드시 잠시 동안 머무르리라 네가 보던 열 뿔은 열 왕이니 아직 나라를 얻지 못하였으나 다만 짐승과 더불어 임금처럼 한동안 권세를 받으리라 그들이 한 뜻을 가지고 자기의 능력과 권세를 짐승에게 주더라 그들이 어린 양과 싸우려니와 어린 양은 만주의 주시오 만왕의 왕이시므로 그들을 이기실 터이요 또 그와 함께 있는 자들 곧 부르심을 받고 택하심을 받은 진실한 자들도 이기리로다" 하였습니다.

이같이 설명해 주신 말씀을 잘 이해하려면 어느 나라를 기점으로 말씀하셨는지 알아야 합니다.

사도 요한이 이 계시를 본 때는 로마 나라의 때입니다. 다섯은 망하였고 하나는 있고 다른 하나는 아직 이르지 아니하였다고 하였으니, 로마 나라를 기점으로 과거에 속한 다섯 나라는 망했고 하나는 있다고 함은 로마 나라를 가리키는 것입니다. 그리고 다른 하나는 아직 이르지 아니하였으나 이르면 반드시 잠시 동안 머무르리라 하였는데, 이 나라가 일곱째 머리이고 열 뿔로 된 나라라는 것을 확실히 알 수 있게 하는 것은 12절에 보면 네가 보던 열 뿔은 열 왕이니 아직 나라를 얻지 못하였으나 라는 말씀이 보충하여 설명하고 있기 때문입니다.

그러면 로마 나라 이전에 하나님을 대적하고 택한 백성을 핍박하고 박해하며 죽일 뿐 아니라 왕들이 자기를 신격화하며 자신을 숭배케 하는 나라 그리고 하나님의 심판을 받고 멸망한 다섯은 어느 나라들이겠습니까?

첫째 머리는 애굽이요, 둘째 머리는 앗수르요, 셋째 머리는 바벨론이요, 넷째 머리는 메데/바사요 다섯째 머리는 헬라입니다.

여섯째 머리는 지금 있는 로마입니다.

일곱째 머리는 열 뿔로 된 연합 동맹국이라고 할 수 있습니다.

그런데 열 뿔로 된 연합 동맹국은 그 존립 기간이 반드시 잠시 동안이라 말씀하였고, 연합 동맹국 모두가 한 뜻을 가지고 자기의 능력과 권세를 여덟째 왕 짐승에게 준다고 했습니다.

그러면 일곱째 머리 열 뿔 동맹국은 어느 나라이겠습니까?

계시록 13장 3절에 "그의 머리 하나가 상하여 죽게 된 것 같더니 그 죽게 되었던 상처가 나으매 온 땅이 놀랍게 여겨 짐승을 따르고" 라고 하였고, 다니엘 7장의 7~8절에 나오는 열 뿔과 같이하고 있는 작은 뿔이 계시록 17장 11~12절에 나오는 열 뿔과 여덟째 왕과 동일한 내용으로서 다니엘 7장 24절을 보면 멸망한 여섯째 머리 구로마 권에서 일곱째 머리 열 뿔로 일어날 것임을 확실히 보여주었습니다.

그러므로 일곱 머리 열 뿔로 보여주신 천국의 이정표는 애굽 나라, 앗수르 나라, 바벨론 나라, 매대/바사 나라, 헬라 나라, 구로마 나라는 망하고 마지막 때 재흥하는 신로마 연합국이 여덟째 왕 짐승에게 한 뜻을 가지고 자기의 능력과 권세를 줄 뿐 아니라, 계시록 13장 2절에서 언급하는 것과 같이 붉은 용 마귀 사탄이 자기의 능력과 보좌와 큰 권세를 줌으로써 여덟째 왕 작은 뿔 적그리스도의 주도하에 어린 양과 싸우는 마지막 아마겟돈 전쟁을 일으킬 것이나 어린 양은 만주의 주시오 만왕의 왕이시므로 그들을 이기실 터이요 또 그와 함께 있는 자들 곧 부르심을 받고 택하심을 받은 진실한 자들도 이기고 주와 함께 영원히 천국을 살게 될 것입니다.

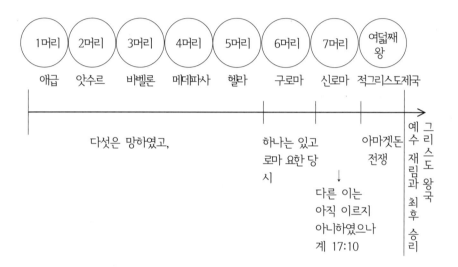

▲ 일곱 머리 열 뿔이 보여주신 천국의 이정표

9. 네 짐승으로 보여주신 천국의 이정표

다니엘서 7장에서는 바벨론 벨사살 왕 원년에 다니엘이 그의 침상에서 꿈을 꾸며 머릿속으로 환상을 받고 그 꿈을 진술한 예언의 말씀으로 다니엘 자기가 살고 있는 나라로부터 세상 끝 날에 세상 나라는 멸망하고 예수 재림으로 멸망하지 아니할 영원하고 영원한 나라를 이루기까지를 기록하고 있습니다.

다니엘이 환상을 보았는데 하늘의 네 바람이 큰 바다로 몰려 불더니 큰 짐승 넷이 바다에 나왔는데 그 모양이 각각 다르다고 하였습니다.

다니엘 7장의 말씀은 1절에서 28절로 되어 있습니다. 1절에서 14절까지는 환상의 내용이요 15절에서 28절까지는 환상을 본 다니엘이 중심에 근심과 번민이 되어 그 곁에 모셔 선 자들 중 하나에게 진상을 물으니 그가 해석하여 알게 한 내용입니다.

큰 짐승 넷이 바다에서 나왔는데 그것은 하늘의 네 바람이 바다로 몰려 왔기 때문이었습니다. 여기에 하늘의 네 바람이란 하나님이 부리신 사자라고 볼 수 있습니다. 왜냐하면 시편 104편 4절을 보면 "바람을 자기 사신으로 삼으시고"라고 하였고, 스가랴 6장 5절을 보면 첫째 병거는 붉은 말들이, 둘째 병거는 검은 말들이, 셋째 병거는 흰 말들이, 넷째 병거는 얼룩지고 건장한 말들이 메었음을 본 스가랴 선지자가 "병마들이 무엇입니까?" 하고 천사에게 물을 때에 천사가 이르기를 "이는 하늘의 네 바람인데 온 세상의 주 앞에 서 있다가 나가는 것이라"고 하였기 때문입니다.

하나님 앞에 서 있었던 네 바람이 큰 바다로 몰려 불더니 바다에서 네 짐승이 나왔습니다.

그러면 여기서 큰 바다는 무엇을 의미하겠습니까? 큰 바다는 많은 물이 모여 있는 곳입니다. 계시록 17장 1절을 보면 "또 일곱 대접을 가진 일곱 천사 중 하나가 와서 내게 말하여 이르되 이리로 오라 많은 물 위에 앉은 큰 음녀가 받을 심판을 네게 보이리라" 하였는데, 계시록 17장 15절에서 해석해 주기를 "또 천사가 내게 말하되 네가 본 바 음녀가 앉아 있는 물은 백성과 무리와 열국과 방언들이니라" 하였습니다.

이사야 17장 12절에서는 "슬프다 많은 민족이 소동하였으되 바다 파도가 치는 소리같이 그들이 소동하였고 열방이 충돌하였으되 큰 물이 몰려옴같이 그들도 충돌하였도다" 하였고, 예레미야

47장 2절을 보면 "여호와께서 이와 같이 말씀하시되 보라 물이 북쪽에서 일어나 물결치는 시내를 이루어 그 땅과 그중에 있는 모든 것과 그 성읍과 거기에 사는 자들을 휩쓸리니 사람들이 부르짖으며 그 땅 모든 주민이 울부짖으리라" 하였습니다.

그러므로 하늘의 네 바람이 큰 바다로 몰려 불더니 큰 짐승 넷이 바다에서 나왔다고 하는 것은 세계 열방과 인간의 모든 역사의 흥망성쇠가 인간 스스로의 힘으로 지배되고 통치되는 것 같지만, 사실은 하나님의 작정과 계획과 섭리와 통치 하에서 흥망성쇠의 역사가 지배되고 있다는 것을 알 수 있습니다. 참으로 알파와 오메가가 되시며 시작과 끝이 되시고 처음과 나중 되시는 하나님으로부터 만물이 나오고 주로 말미암고 주에게로 돌아가는 줄을 알아야 하겠습니다.

네 짐승의 "첫째는 사자와 같은데 독수리의 날개가 있더니 내가 보는 중에 그 날개가 뽑혔고 또 땅에서 들려서 사람처럼 두 발로 서게 함을 받았으며 또 사람의 마음을 받았더라" 하였고, "둘째는 곰과 같은데 그것이 몸 한쪽을 들었고 그 입의 잇사이에는 네 갈빗대가 물렸는데 그것에게 말하는 자들이 있어 이르기를 일어나서 많은 고기를 먹으라"고 하였으며, "셋째 짐승은 표범과 같은 것이 있는데 그 등에는 새의 날개 넷이 있고 그 짐승에게 또 머리 넷이 있으며 권세를 받았다"고 하였고, "넷째 짐승은 무섭고 놀라우며 또 매우 강하며 또 쇠로 된 큰 이가 있어서 먹고 부서뜨리고 그 나머지를 발로 밟았으며 이 짐승은 전의 모든 짐승과 다르고 또 열 뿔이 있더라 내가 그 뿔을 유심히 보는 중에 다른 작은 뿔이 그 사이에서 나더니 첫 번째 뿔 중의 셋이 그 앞에서 뿌리까지 뽑혔으며 이 작은 뿔에는 사람의 눈 같은 눈들이 있고 또 입이 있어 큰 말을 하였더라" 하였습니다. 네 짐승을 보여주신 다음에는 이 짐승들이 옛적부터 항상 계신 이가 왕좌에 좌정하셨는데, 그를 섬기는 자는 천천이요 그 앞에서 모셔 선 자는 만만인데 책을 펴 놓고 심판을 할 때에 작은 뿔 짐승이 죽임을 당하고 그의 시체가 상한 바 되어 타오르는 불에 던져 졌으며 그 남은 짐승은 권세를 다 빼앗겼다고 하였습니다.

그뿐만 아니라 인자 같은 이가 하늘 구름을 타고 와서 옛적부터 항상 계신 이에게 나아가 그 앞으로 인도되매 그에게 권세와 영광과 나라를 주고 모든 백성과 나라들과 다른 언어를 말하는 모든 자들이 그를 섬기게 하였으니 그의 권세는 소멸되지 아니하는 영원한 권세요 그의 나라는 멸망하지 아니할 것이니라 하였습니다.

이와 같은 환상을 보고 번민한 다니엘에게 어떻게 해석하여 주었습니까? 17~18절 말씀으로 요약해서 무엇이라고 언급하고 있습니까?

"그 네 큰 짐승은 세상에 일어날 네 왕이라 지극히 높으신 이의 성도들이 나라를 얻으리니 그 누림이 영원하고 영원하고 영원하리라" 하였습니다.

그러니까 네 큰 짐승의 나라가 역사상에 등장하고 하나님이 정하신 뜻대로 되는 날에 세상 나라가 하나님의 나라로 영원히 선다는 것입니다. 네 큰 짐승 세 나라는 다니엘이 알겠으나 넷째 짐승은 괴상한 짐승이어서 확실히 알고자 하였습니다.

첫째 짐승 사자는 바벨론이요, 둘째 짐승 곰은 메대/바사요, 셋째 짐승 표범은 헬라요, 넷째 짐승은 로마인 것을 알겠으나 괴상한 짐승이어서 확실히 알고 싶었던 것입니다.

다니엘이 네 큰 짐승을 네 나라 바벨론, 메대/바사, 헬라, 로마로 알 수 있었음은 다니엘 2장에서 느브갓네살 왕이 꿈을 통해 보여준 큰 신상에 관하여 누구도 그가 꿈을 꾸고도 잊어버린 것을 알게 하고 해석하지 못했지만, 다니엘만이 어두운 데 있는 것을 아시며 빛이 함께하시고 은밀한 것을 나타내시는 하나님이 장래 일을 왕에게 알게 하였다고 하면서 "머리는 순금이요 가슴과 두 팔은 은이요 배와 넓적다리는 놋이요 그 종아리는 쇠요 그 발은 얼마는 쇠요 얼마는 진흙이었나이다, 또 왕이 보신즉 손대지 아니한 돌이 나와서 신상의 쇠와 발을 쳐서 부서뜨리매 그때에 쇠와 진흙과 놋과 은과 금이 다 부서져 여름 타작마당의 겨같이 되어 바람에 불려 간 곳이 없었고 우상을 친 돌은 태산을 이루어 온 세계에 가득하였나이다" 하고 꿈을 알려 주면서 해석하여 주었기 때문입니다. 그때에 다니엘 2장 36절에서 말씀해 주시길 금 머리는 바벨론 왕 느브갓네살이라고 하였고, 다음에 은 같은 나라, 동 같은 나라, 쇠 같은 나라, 반은 쇠 반은 진흙 같은 나라가 일어날 것을, 그리고 여러 왕들의 시대에 하늘의 하나님이 한 나라를 세우시는데 영원히 망하지도 아니할 것이요 그 국권이 다른 백성에게로 돌아가지도 아니할 것이요 도리어 이 모든 나라를 쳐서 멸망시키고 영원히 설 것이라 하였습니다.

느브갓네살왕이 꾼 꿈의 환상은 큰 신상이었고 다니엘에게 꿈을 통해서 환상으로 보여준 네 짐승의 내용은 대동소이한 내용입니다. 느브갓네살왕은 자기 나라를 우상과 같이 여겼기에 큰 신상으로 보여주었고 다니엘이 본 세상 나라는 짐승처럼 보였기에 네 짐승으로 보여주었을 것으로 봅니다. 내용에 있어서 한 가지 다니엘에게 더 보여준 것은 작은 뿔 적그리스도이고 느브갓네살왕에게 적그리스도를 보여주지 않는 것은 느브갓네살왕이 적그리스도의 모형이기 때문이 아니겠는가라고 해석한 자들도 있습니다. 그러니까 다니엘이 그 네 짐승은 세상에 일어날 네 왕이라 한 것은 바벨론, 메대/바사, 헬라, 로마 나라들의 왕이라는 것을 고대 역사가 예언의 말씀대로 확실히 보여주었다 하겠습니다.

그런데 다니엘이 네 큰 짐승의 환상을 인하여 근심하고 번민하면서도 특별히 넷째 짐승에 관하여 확실히 알고 싶었던 것은 모든 짐승과 다른 괴상한 짐승이었기 때문입니다.

"넷째 짐승은 그 모든 짐승과 달라서 심히 무섭더라 그 이는 쇠요 그 발톱은 놋이니 먹고 부서뜨리고 나머지는 밟았으며 또 그것의 머리에는 열 뿔이 있고 또 다른 뿔이 나오매 세 뿔이 그 앞에서 빠졌으며 그 뿔에는 눈도 있고 큰 말을 하는 입도 있고 그 모양이 그의 동류보다 커 보이더라 내가 본즉 이 뿔이 성도들과 더불어 싸워 그들에게 이겼더니" 하였고, "그때에 옛적부터 항상 계신 이가 와서 지극히 높으신 이의 성도들을 위하여 원한을 풀어 주셨고 때가 이르매 성도들이 나라를 얻었더라" 하였습니다. 이 넷째 짐승에 대해 모신 자가 이르시기를 땅의 넷째 나라인데, 이는 다른 나라들과 달라서 온 천하를 삼키고 밟아 부서뜨릴 것이며

132

그 열 뿔은 그 나라에서 일어날 열 왕이라고 하였고, 그 후에 또 하나가 일어나리니 그는 먼저 있던 자들과 다르고 또 세 왕을 복종시킬 것이며 그가 장차 지극히 높으신 이를 말로 대적하며 또 지극히 높으신 이의 성도를 괴롭게 할 것이며, 성도들은 그의 손에 붙인바 되어 한 때와 두 때와 반 때를 지내리라 하였습니다.

넷째 짐승나라가 어느 나라입니까? 구로마 나라입니다.

열 뿔은 그 나라 구로마권에서 나와 재흥되는 신로마입니다.

다니엘 7장 24절에서 분명히 열 뿔은 그 나라에서 일어난다고 확실히 말씀하였고 넷째 짐승에 열 뿔이 있기 때문입니다.

로마 나라는 주전 500여 년 전에 건국되어 온 천하를 정복하여 대제국으로 여러 세기를 통하여 위세가 당당한 나라였으나 동, 서 로마로 분열되었으며, 서로마 제국이 주후 476년에 먼저 멸망하였고 동로마 제국 역시 주후 1453년에 멸망하였습니다.

이 사실을 계시록 13장 3절에서는 "그의 머리 하나가 상하여 죽게 된 것 같더니"라고 하였고, 계시록 17장 11절에서는 "전에 있었다가 지금 없어진 짐승"이라고 하였을 뿐 아니라 이 구 로마가 재흥할 것을 계시록 13장 3절에 "죽게 되었던 상처가 나으매 온 땅이 놀랍게 여긴다"고 하였으며, 계시록 17장 10절에는 "다른 하나는 아직 이르지 아니하였으나 이르면 반드시 잠시 동안 머무르리라" 하였습니다.

재흥할 동맹국 로마를 열 뿔로 혹은 일곱 머리로 또는 일곱째 왕으로 표현하고 있음을 계시록 17장 9~10절에서 "지혜 있는 뜻이 여기 있으니 그 일곱 머리는 여자가 앉은 일곱 산이요 또 일곱 왕이라 다섯은 망하였고 하나는 있고 다른 하나는 아직 이르지 아니하였으나” 하는 말씀이 알게 하고 있습니다.

그리고 계시록 17장 11절에는 “전에 있었다가 지금 없어진 짐승은 여덟째 왕이니 일곱 중에 속한 자라 그가 멸망으로 들어가리라” 하였습니다.

여덟째 왕은 재흥한 신로마 동맹국 열 뿔에 속한 자인데, 계시록 17장 13절을 보면 “그들이(열 뿔) 한 뜻을 가지고 자기의 능력과 권세를 짐승에게 주더라” 하였습니다. 다니엘 7장 8절을 보면 “열 뿔 사이에서 작은 뿔이 나더니 첫 번째 뿔 중의 셋이 그 앞에서 뿌리까지 뽑혔으며 이 작은 뿔에는 사람의 눈같은 눈들이 있고 또 입이 있어 큰 말을 하였더라” 하였는데, “그 나라에서 일어날 열 왕이요 그 후에 또 하나가 일어나리니 그는 먼저 있던 자들과 다르고 또 세 왕을 복종시킬 것이며”라고 하였습니다.

다니엘서에서는 열 뿔에서 나오는 작은 뿔 혹은 다른 뿔이라고 하였고, 계시록에서는 여덟째 왕이라고 표현하고 있는데 이 자가 적그리스도임을 동일하게 언급하고 있는 것을 알 수 있습니다.

다니엘 7장 25절을 보면 “그가(작은 뿔) 장차 지극히 높으신 이를 말로 대적하며 또 지극히 높으신 이의 성도를 괴롭게 할 것이며 그가 또 때와 법을 고치고자 할 것이며 성도들은 그의 손에 붙인 바 되어 한 때와 두 때와 반 때를 지내리라” 하였고, 계시록 17장 14절을 보면 여덟째 왕의 주도 하에 “어린 양과 더불어 싸우려니와”라고 표현되어 있습니다.

작은 뿔 여덟째 왕 적그리스도의 종국을 다니엘 7장 26절과

27절을 보면 "그러나 심판이 시작되면 그는 권세를 빼앗기고 완전히 멸망할 것이요 나라와 권세와 온 천하 나라들의 위세가 지극히 높으신 이의 거룩한 백성에게 붙인바 되리니 그의 나라는 영원한 나라이며 모든 권세 있는 자들이 다 그를 섬기며 복종하리라" 하였고, 계시록 17장 14절에는 "어린 양은 만주의 주시오 만왕의 왕이시므로 그들을 이기실 터이요 또 그와 함께 있는 자들 곧 부르심을 받고 택하심을 받은 진실한 자들도 이기리로다" 하였습니다.

그러므로 네 짐승으로 보여준 천국의 이정표는 사자 바벨론 나라, 다음에는 곰 메대/바사 나라, 그 다음은 표범 헬라 나라, 괴상한 짐승인 무섭고 놀라우며 또 매우 강하며 또 쇠로 된 큰 이가 있어서 먹고 부서뜨리고 그 나머지를 밟았던 구로마 나라와 신로마 열 뿔 나라 시대 그리고 작은 뿔 적그리스도의 때가 다 되면 세상 나라는 심판받고 다니엘 7장 13절의 말씀과 같이 예수님(인자)이 하늘 구름을 타고 재림하심으로 그의 권세는 소멸되지 아니하는 영원한 권세요 그의 나라는 멸망하지 아니하는 하나님 나라가 될 것입니다.

그러면 네 짐승을 중심으로 생각할 때 지금 우리가 살고 있는 시대는 어느 때쯤에 속하여 있다고 이해가 됩니까?

넷째 짐승의 열 뿔의 시대, 다시 말하면 재흥하는 신로마 제국의 때에 살고 있다고 할 수 있습니다. 그것을 보여주는 것은 구로마권에서 유럽 합중국의 등장입니다. 이는 유럽인들이 꿈꾸어 왔던 제국의 건국이라 하겠습니다. 유럽 합중국, 신로마 제국의 시작은 제2차 세계 대전 후 영국의 윈스턴 처칠 수상이 1946년 9월 19일에 스위스 취리히에서 연설하기를 소련 공산주의 팽창을 방지하고 자본주의 미국에 예속되는 것을 방지하며 구로마 시대의 영광을 회복하기 위해서 유럽 나라들은 정치, 경제, 군사적으로 통합하여야 한다고 제창하고, 그 후 교황청의 적극적인 산파 역할로 나라마다 뜻을 같이하여 국민투표를 통해서 지금 27개의 회원국이 동맹을 이루고 있습니다.

주요 연혁은 다음과 같습니다. (2010년 외교부 발표를 참고한 것입니다.)

1952년 8월 유럽 석탄 철강 공동체가 출범하고(ECSC),

1957년 3월 유럽 경제공동체(EEC), 유럽 원자력 공동체(EURATOM)를 창설하고,

1967년 7월 유럽 공동체(EC) 기관을 단일화하고,

1993년 1월 유럽 단일시장이 출범되고,

1993년 11월 1일 유럽 연합 출범과 마스트리히트조약을 발효하였고,

1999년 1월 유럽 통화 연맹(EMU)이 출범되었고,

2004년 10월 유럽 연합 헌법 조약 초안에 서명하고,

2007년 12월 개혁 조약인 리스본조약이 발효되었으며,

2014년 5월 유럽의회 의원 선거를 하였고,

2016년 6월 영국이 EU 탈퇴 문제로 국민 투표로 탈퇴 가결하였으며,

2017년 1월 유럽의회 의원을 선거하였습니다.

    유럽 연합의 이사회 회원국은 18개국으로 이사회 의장국은 각 회원국이 정해진 순서에 따라 6개월씩 수임하여 왔습니다. 지금 현재 2018년 1~6월까지는 불가리아이며, 2018년 7월~12월까지는 오스트리아입니다.

    현재 유럽 연합의 회원국은 독일, 프랑스, 아일랜드, 벨기에, 네덜란드, 룩셈부르크, 덴마크, 스웨덴, 핀란드, 오스트리아, 이탈리아, 스페인, 포르투갈, 그리스, 체코, 헝가리, 폴란드, 슬로바키아, 리투아니아, 라트비아, 에스토니아, 슬로베니아, 키프로스, 몰타, 불가리아, 루마니아, 크로아티아의 27개국이요, 가입 후보국은 알바니아, 몬테네그로, 마케도니아, 세르비아, 터키, 유고슬라비아 6개국이며 유력한 후보 국가로는 헤르체고비나, 코소보 2개국이라고 합니다.

    앞으로 열 뿔 신로마 제국이 어떻게 진전되고 또 열 뿔 신로마 제국에서 작은 뿔이라고도 하고 여덟째 왕이라고도 하는 적그리스도가 어느 때에 등장하여 다니엘 9장 27절에서 언급한 한 이레 동안의 언약을 굳게 맺고 이레의 절반 후 3년 반, 마흔두 달, 한 때와 두 때와 반 때에 지극히 높으신 이를 말로 대적하며 또 지극히 높으신 이의 성도를 괴롭게 할 자가 나오는 때가 어느 해 어느 달 어느 날인지는 모르지만, 열 뿔 신로마 제국의 년 수는 계시록 17장 10절을 보면 반드시 잠시 동안이라 하였으니 긴 기간은 아닌 것 같습니다.

    참으로 베드로전서 4장 7절의 말씀과 같이 "만물의 마지막이 가까웠으니 그러므로 너희는 정신을 차리고 근신하여 기도하라"

하였고, 히브리서 10장 37절에서는 "잠시 잠간 후면 오실 이가 오시리니 지체하지 아니하리니"라고 말씀하셨으니 오직 의인이라 칭함 받은 참성도 그리스도인들은 믿음으로 전진하며 무장하고 승리하여 약속을 따라 하나님 나라의 기업을 누려야 할 것입니다.

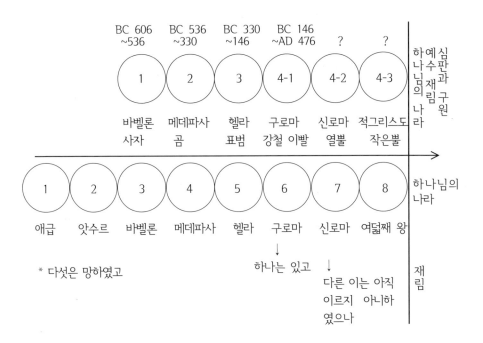

▲ 네 짐승과 일곱 머리 열 뿔로 보여주신 천국의 이정표
(계 17:9~13, 단 7:1~28)

이형구 목사를 말한다

칼 볼로흐, <겟세마니 동산에서 고뇌하시는 예수>, 덴마크 역사 박물관

기도와 능력의 사도 이형구 목사님

이상진 목사

(강릉성결교회 담임목사)

존경하는 이형구 목사님의 자서전 출간을 진심으로 축하드립니다. 팔순이 넘으셨는데도 불구하고 건강한 모습으로 역동적인 삶을 사시는 것을 보니 젊은 후배로서 정말 부럽기도 하고, 목사님처럼 살지 못해 부끄럽기도 합니다. 귀한 종을 쓰시는 하나님의 은혜에 감동하며 하나님께 감사드립니다.

이형구 목사님은 강릉성결교회 담임목사로만 20년(1984~2003) 동안 재직하신 후 원로목사님이 되셨습니다. 인격과 신앙이 가장 성숙한 시기인 50대에 강릉성결교회 담임목사로 사역하시며 교회는 물론 강릉 사회에도 선한 영향력을 많이 남기셨습니다. 강릉시 기독교연합회장, 강원 CBS 영동방송국 이사회 의장, 교단

중부지역총회장 등을 역임하셨고, 해외와 국내 선교, 구제와 장학 사업에 열정을 보이셨습니다. 아직도 목사님의 흔적이 교회와 성도들의 가슴 곳곳에 주님의 사랑으로 남아 있어 그 자취를 느끼고 배웁니다.

이형구 목사님께서 은퇴하신 후 대전에 살고 계시기에 자주 뵙지는 못했지만 만나 뵐 때마다 내면의 깊은 곳에서 우러나오는 품격을 느끼곤 합니다.

이형구 목사님에겐 외모는 물론이고 목사님의 내면에 깊은 힘이 있음을 느낍니다. 우렁찬 목소리, 대중을 장악하는 담대함, 어떤 난관에도 주저함 없이 나아가는 추진력은 하나님께서 목사님에게 내리신 특별한 은사인 것 같습니다. 주님께서 주신 이 능력이 목사님의 따뜻한 사랑이 더해져 강릉교회를 부흥시킨 원동력이 되었다고 생각합니다.

저는 이 글을 쓰기 위해 강릉성결교회 70년사를 잠깐 찾아보았습니다. 강릉교회에 부임하셔서 전한 첫 번째 말씀이 눈에 띄었습니다. 「출애굽기 17:7~16 승리의 깃발을 꽂읍시다.」 목사님은 아말렉과 싸우는 이스라엘을 위해 손을 높이 든 모세의 기도와 모세를 믿고 아말렉과 싸워 이겨 승리의 깃발을 꽂은 이스라엘처럼 우리 강릉교회도 영적 승리의 깃발을 꽂자고 외치셨습니다.

목사님을 뵈면 깊은 영성이 느껴집니다. 영성은 기도에서부터 시작되는데 목사님은 기도의 사람이셨습니다. 하나님과 쉬지 않고 기도로 대화하며 오직 하나님만 의지하신 그 깊은 영성을 후배로서, 목사님이 튼튼히 세운 강릉교회의 담임목사로서 배우고 실천하고 싶습니다.

목사님께서는 오랫동안 주 안에서 이룩한 일을 이제 정리하신다니 감회가 새로우시겠습니다. 시대는 끊임없이 변화되어 젊은이들이 삶의 자리를 찾지 못하고, 세상은 바른 지도자를 찾지 못해 아쉬워하고 있습니다. 또한 한국 교회는 점점 세속화가 심해져 진리이신 주님의 영광을 가리고 있습니다. 이럴 때 목사님의 삶의 자취들을 만날 수 있어 행복하고 감사합니다. 먼저 걸으신 삶의 모범들이 한국 교회와 우리 후배들에게 감동이 되고, 복음의 진리로 역사하여 세상에 참된 자유를 주기를 기대합니다.

자서전 출간을 진심으로 축하드립니다. 건강하십시오. 하나님의 은총과 사랑이 목사님과 목사님 가정에 충만하게 내리길 기도합니다. 감사합니다.

레바논의 백향목 같은 분

김정호 목사

(바나바훈련원 원장)

12)의인은 종려나무 같이 번성하며 레바논의 백향목같이 성장하리로다. 13)이는 여호와의 집에 심겼음이여 우리 하나님의 뜰 안에서 번성하리로다. 14)그는 늙어도 여전히 결실하며 진액이 풍족하고 빛이 청청하니 15)여호와의 정직하심과 나의 바위 되심과 그에게는 불의가 없음이 선포되리로다.(시 92:12~15)

정확히 28년 전 무더운 8월 하순경에 이형구 목사님으로부터 저는 전화를 받았습니다.

"김 전도사님! 우리 교회 학생부를 지도하시고, 목사 안수를 받으시면 부목사로 섬겨주세요."

이형구 목사님은 이제 갓 서른의 애송이 전도사인 저를 당시 강원도 영동지방의 뿌리가 되는 강릉성결교회 부교역자로 불러주셨습니다. 그리고 그곳에서 5년 동안 목사님의 사랑의 품 안에서 제가 자랄 수 있었습니다. 사실 부교역자로 담임목사님을 보좌한 것보다는 오히려 제가 많은 것을 배우고 갖출 수 있었습니다.

저는 이형구 목사님을 통해서 목사와 사명자의 격格을 갖출 수 있었습니다. 이형구 목사님은 일하는 문제로는 한 번도 저를 나무란 적이 없었습니다. 목사님은 언제나 일을 믿고 맡기셨습니다. 하지만 목사의 격에 위배되는 사안은 언제나 진솔히 저를 깨우치셨습니다. 저는 그 당시 이형구 목사님을 저의 모델로 삼았습니다. 목사님을 통해서 원고 설교를 체질화할 수 있었고, 기도 생활, 목양 자세를 배웠습니다. 평신도 리더인 장로님들과 당회堂會를 운영하는 법을 익힐 수 있었습니다. 심지어 여행하는 법, 물건을 쇼핑하는 법 등등……

그렇게 이형구 목사님을 배우며 약 5년이 흐르게 되자 어느날 목사님이 말씀하셨습니다.

"이제 김 목사도 담임 목회를 해도 되겠습니다. 충분히 감당할 수 있겠습니다."

그렇게 이형구 목사님 곁을 떠나게 되었습니다. 그 이후 강산이 몇 번 변하는 세월이 흘렀습니다. 이형구 목사님 곁을 제가 떠났지만 저의 사명자의 격을 세우는 영성 DNA 속에는 그 가르침이 머물고 있었습니다.

수년 전 현재 제가 사역하는 바나바훈련원을 수료하신 대전 지역의 젊은 목사님으로부터 소식을 들었습니다.

"대전 지역에 은퇴하신 원로목사님이 계시는데 가르치시는 성경의 진리와 성령 충만한 영성이 탁월하십니다. 저희 젊은 후배 목사들에게 성경을 가르치신 후에는 오히려 저희에게 식사를 대접해 주십니다. 그 목사님을 바나바훈련원 강사님으로 추천합니다."

저는 깊은 관심을 표현해서 목사님의 성함을 여쭈었습니다. 놀랍게도!

"이형구 목사님입니다."

저는 너무 반가웠습니다. 드디어 저희 바나바훈련원의 목회자와 선교사를 섬기는 사역자 영성 훈련 강사로 이형구 목사님을 초청했습니다. 이미 현직을 은퇴하시고 구십이 가까우심에도 불구하고 그 영성의 저수지에 은혜가 충만하셨습니다. 이형구 목사님은 레바논의 백향목과 같으신 분이십니다. 늙어도 여전히 결실하며 진액이 풍족하고 빛이 청청한 레바논의 백향목 같으셨습니다.

이제 이형구 목사님께서 살아오신 인생의 행전을 정리하십니다.

제가 경험한 이형구 목사님은 "레바논의 백향목과 같은 성령의 사람"이라 표현하고 싶습니다. 저의 청춘의 시절에 만난 이형구 목사님은 성령의 사람이셨습니다. 그리고 제가 청춘의 시절에 뵙던 이형구 목사님과 같은 연령이 된 지금의 제가 만난 이형구 목사님은 여전히 성령의 사람이십니다. 지금도 성령으로 사역하십니다.

이형구 목사님의 인생의 저수지에 채워진 성령의 영성을 계승받고 싶습니다.

영성과 기도, 평화와 화해의 목회자

최동규 목사

(서울신학대학교 교수)

1986년 12월 어느 날에 이형구 목사님을 처음 만났습니다. 고향 교회 은사이신 최명식 목사님 소개로 강릉 교회 전도사가 되기 위해 면접을 보았던 것입니다. 목사님은 저를 보고 마음에 드셨는지 몇 가지 물어보지도 않으시고 교회를 위해 일해 달라고 하셨습니다. 당시에 저의 나이는 만 23살이었습니다.

강릉교회는 신학대학 4년을 공부하고 난 뒤 처음 부임한 목회지였습니다. 지금 돌이켜 생각해 보면 그 당시 저는 젊은 혈기로 가득 차 있었고, 아직 철들지 않은 신출내기 전도사에 불과했습니다. 게다가 1980년대 초는 국내 정치 상황이 어지러웠던 때였고, 저는 목회자로 부르심을 받았으나 신학을 공부하는 동안 사회

정의와 사회 참여에 관심을 두고 진보적인 신학을 추구했었습니다. 엄밀히 말하자면 목사님의 목회에 도움이 되지 않는 전도사였던 것입니다.

하지만 이형구 목사님은 이런 저를 다 품어주셨습니다. 당시에 저는 숭실대학교 대학원에서 철학을 공부하고 있었는데, 첫 학기는 어찌어찌하여 학비를 마련했지만 두 번째 학기부터는 학비를 마련하기가 너무 어려워서 고민 끝에 목사님을 찾아가 도움을 구하기로 마음먹었습니다. 어디에서 그런 용기가 생겼는지 모르겠습니다. 그런데 제 부탁을 들으신 목사님께서는 잠시도 머뭇거리지 않고 어느 집사님에게 전화를 걸어 제 학비를 지원해 주도록 연결해 주셨습니다.

목사님은 저에게 아버지 같은 분이셨습니다. 목회 초년생이었던 제가 좌충우돌 실수가 많고 부족했지만 한 번도 야단치시거나 화를 내신 적이 없으셨습니다. 언젠가 전도사실에 오셔서 이런저런 대화를 나누는 중에 저에게 대학원에서 무엇을 공부하느냐고 물으셨습니다. 그래서 저는 사회철학을 전공하고 헤겔, 마르크스, 하버마스, 이런 사람들의 사상을 공부한다고 말씀드리면서 그들의 사상에 대해서 장황한 설명을 늘어놓았습니다. 그러자 목사님은 한참을 듣고 나서 이렇게 말씀하시는 것이었습니다. "최 전도사, 목회는 지식으로 하는 게 아니야. 영성과 기도로 하는 거야. 그러니까 최 전도사도 기도 많이 하게." 아마 다른 목사님들 같았으면 무슨 전도사가 그런 공부를 하느냐고 야단쳤을 것입니다. 어쩌면 잘못된 사상을 가지고 있다고 쫓아낼 수도 있는 상황이었습니다. 그러나 목사님은 그냥 품어주셨습니다. 지금도 궁금할 뿐입니다. 어떤 마음으로 품어주셨을까?

제가 아는 이형구 목사님은 성경의 원리대로 반듯하게 목회하신 분이십니다. 애초에 김형태 목사님이란 분에게서 은혜를 받고 성경을 종말론적으로 해석하는 신앙을 중시하는 목사님은 실제로 자신이 믿는 말씀의 원리를 따라 살려고 애를 쓰셨습니다. 이런 목사님의 신앙관은 언제나 하나님 중심, 성경 중심, 교회 중심의 목회를 할 수 있는 근거가 되었다고 봅니다.

이형구 목사님은 성품이 매우 온화하시면서도 무슨 일을 하시든지 통이 크고 대쪽같이 원칙을 중시하셨습니다. 오늘날에도 자기 이익을 추구하는 목회자들이 있어서 교인들과 세상 사람들로부터 비난과 질타를 당하고 있지만, 목사님은 언제나 정도正道에서 벗어나지 않으시고 원칙에서 어긋난 무리한 행보를 하지 않으셨습니다. 원로 목사가 되신 뒤에 일부러 교회로부터 멀리 떨어진 곳에 거주하시는 이유도 여기에 있을 것으로 생각됩니다. 목사님은 늘 상대방을 배려하려고 애를 쓰셨습니다. 그래서 목사님을 만난 사람들은 누구나 목사님을 좋아하고 존경하는 마음을 갖게 됩니다.

이 목사님은 평화와 화해의 목회자이셨습니다. 목사님에게는 적이 없었습니다. 신학대학을 졸업하고 군목으로 임관하기까지 3년 동안 강릉교회에서 전도사 생활을 하는 동안 목사님을 모시면서 느꼈던 것은 강릉교회가 강원동지방의 모교회요 중심 교회인 것처럼, 이 목사님 자신도 강원동지방 목사님들의 영적인 중심 역할을 하셨다는 점입니다. 지방회의 목사님들은 늘 이 목사님을 중심으로 모였습니다. 목사님은 그들을 이끌지 않는 듯하면서도 '부드러운 카리스마'로 자연스럽게 그들을 이끌어 지방회가 늘 평안하게 운영되도록 만드셨습니다.

이제는 목사님께서 연세가 드셔서 원로 목사가 되시고, 제가 목사와 교수가 되어 한창 주의 일을 하는 나이가 되었습니다. 지금 저는 신학대학에서 목회자 후보생들을 대상으로 목회와 교회 성장에 관해서 가르치는 일을 하고 있습니다. 조금은 다른 방식이지만 50대 중반을 지나도록 목사님께서 걸어가신 목사의 길을 걷다 보니 이제 조금 목회가 무엇이고 목회자의 마음이 무엇인지 알 것도 같습니다. 그 옛날 목사님께서 제게 들려주셨던 말씀들이 다시 들려옵니다. "최 전도사, 목회는 성령과 말씀으로 하는 거야." "최 전도사, 좀 더 뜨겁게 기도해. 기도해야 능력 있는 목회를 할 수 있어."

그 말씀들이 다 옳습니다. 들려주신 그 말씀들이 다 맞습니다. 목사님, 목사의 사표가 되어 주셔서 고맙고 감사합니다. 존경하고 사랑합니다.

온 세상의 주 앞에 서 있는 자

설영애 권사

(김형태 목사 사모님)

전주 이씨 5대 종손이며 학식 있는 청년 이형구는 자신이 갖고
있던 모든 기득권을 버리고 주의 종으로서의 삶 속으로 뛰어들었습
니다. 이형구 목사님 앞에는 큰 산이 가로막고 서 있었습니다.
그의 삶은 그 큰 산이 그의 앞에서 평지가 되는 기적과 은총의
연속이었습니다.

이형구 목사님은 구도자의 마음으로 진리를 찾아 주님을 만나고
성령 충만을 받기 위한 고된 연단의 시간을 거쳐 국내뿐 아니라
세계적인 사명자로 거듭나셨습니다. 끊어버려야 하는 것들과의
단호한 절연과 철저한 자기 부인은 이형구 목사님의 한평생 사역에

단단한 토대가 되었으며, 힘쓰고 애써 주를 찾는 기도 생활은 마르지 않고 식지 않는 성령의 공급하심의 통로가 되었습니다.

청년 시절에 만나, 혼신을 다한 사명의 역사 기간을 지켜봤으며, 이제 그간의 사역을 돌아보며 회고하는 오늘까지 이형구 목사님과 뜻을 같이하고 있습니다. 이형구 목사님은 온 세상의 주 앞에 서서 충성이라는 성령의 열매를 맺고 계시는 분입니다. 신의와 겸손, 그리고 협력은 이형구 목사님이 사역의 길에서 함께하는 주의 종들에게 보여준 그의 인품이자 덕입니다.

섬김의 목회 현장에서도, 성령의 강력한 증거 하심이 함께하는 능력 있는 부흥강사로 사역할 때에도, 은퇴 후 기도원에서의 헌신 속에서도 주의 종으로서의 한결같은 삶을 사셨습니다. 이형구 목사님 한 분의 회심이 그의 형제들을 살리고 그의 문중을 회복시켰으며, 귀한 발걸음이 목사님의 자녀에게로 이어지고 있음을 봅니다.

청년 시절에 주께 부름 받을 때 받은 사명을 완수하기 위해 오늘도 쉼 없이 주의 말씀을 가르치고 전하시는 이형구 목사님의 충성과 순종의 길을 응원합니다. 앞으로 더 귀하고 아름다운 삶으로 주의 마음을 시원케 해 드리며 영광 돌리시기를 바랍니다. 먼저 주의 부름을 받으신 김형태 목사님이 이 글을 쓰신다면 크게 기뻐하시며 주저함 없이 이형구 목사님을 주의 나타나심을 사모하는 사명의 동지이자 사명자라 칭하며 웃으실 것입니다.

나의 아버지, 이형구 목사님
잊히지 않는 몇 가지 기억들

이신석 목사

(셋째 아들, 중국 선교사)

기억 1.

제 기억에 초등학교 3학년 때입니다. 교회가 목사의 사택을 새로 지었습니다. 내부 장식을 하던 사람들이 유리문으로 된 호마이카 책장을 두 개 짰습니다. 책장은 아버지 서재의 벽을 장식했고 그 안에는 책이 가득했습니다. 책장이 좋았던 건지, 그 안에 많은 책들이 좋았던 건지 지금도 여전히 모르겠지만, 전 아버지가 서재를 비우면 아버지의 서재에서 책장을 열고 닫으며, 두꺼운 책을 펴놓고 아버지의 의자에 앉았다 일어났다 하며 적지 않은 시간을 보냈습니다.

그런데 언제부터인가 어머니가 아버지의 서재 출입을 막았습니다. 나중에서야 아버지가 결핵을 앓으셨기 때문임을 알았습니다. 어느 수요일 아버지의 기침 소리가 점점 커지고 나서 아버지는 수요일 예배를 위해 방을 나가셨습니다. 전 그 틈을 놓칠 수 없어서 서재로 들어갔습니다. 그렇지만 그 날만은 책을 꺼내 볼 수도 아버지의 의자에 앉을 수도 없었습니다.

바닥에 대야가 있었고, 빨갛게 된 흰 수건과 함께 대야에는 핏물이 가득했습니다. 그 당시 전 어린아이였지만, 순간 슬픔보다도 그렇게 피를 토하고도 예배 설교를 위하여 올라가시고 큰소리로 외치는 이유를 알 수 없어 가슴이 먹먹했습니다.

나중에 저도 목회자의 길을 가면서 피를 토하고라도 해야만 할 하나님이 주신 사명을 깨달았지만, 그 전까지 저의 청소년 시절 내내 생각되는 일이었습니다.

기억 2.

목회자 아버지에 대한 저의 최초의 각인된 인상은 개교회의 목회자보다는 부흥사였습니다. 어린 시절 아버지는 월요일 아침 일찍 집을 나가셔서 금요일 늦게야 돌아오시곤 했습니다. 그리고 곧바로 금요 철야기도회를 인도하시고 주일을 지키셨습니다. 일주일 내내 집에 계시지 않는 것이 꽤나 섭섭했었습니다.

그래서인지 주일 예배 준비로 바쁘셨던 토요일 저녁, 온 가족이 외식을 하게 되면 그렇게 좋을 수가 없었습니다. 자주 있는 일은 아니었지만, 가족이 함께 식사를 하고 함께 어두움이 시작되는 길을 걸으며 나누었던 이야기들 가운데 몇 가지는 지금도 가슴속에 남아있습니다. 그럴 때면 오랜 이야기 끝에 결론적으로 몇 마디를 던져주시곤 했습니다.

"사람은 외로워야 한다. 그래야 하나님에게 주목할 수 있다.", "나는 부흥사라서 소리 지르는 기도를 많이 하지만 갈수록 조용히 하나님 앞에 나아가는 기도가 중요함을 깨닫는다.", "신앙은 보수하고 생활은 진보해야 한다."

이런 이야기들이 청소년 시기를 보내던 제게는 어려운 이야기였지만, 그리스도인으로 살아가면서 사색의 훈련을 해주신 것임을 이제는 깨닫습니다.

기억 3.

아버지는 거창한 이야기를 자주 하시진 않았습니다. 예를 들어 사명과 같은 주제 말입니다. 하지만 목회자의 길을 가시면서 묵묵히 삶의 조건을 괘념치 않고 맡으신 일에만 집중하신 분이셨습니다.

제가 중학교로 올라갈 때 평택에서 대전으로 목회지를 옮기셨습니다. 아버지를 따라 이사를 왔을 때 어린 저는 적지 않게 충격을 받았습니다. 전에 있던 교회에서 제법 널찍한 주택에 살았는데, 이사 온 집은 좁고 다섯 식구가 모두 한방에서 나란히 누워서 잠을 청해야 했습니다. 그날 밤 저는 잠을 이룰 수가 없었습니다.

아버지가 무언가 잘못하신 일이 있나? 왜 갑자기 이렇게 좁은 집으로 오게 된 거지? 생각이 꼬리를 물었습니다.

하지만 다음 날 새벽, 교회에서 들려오는 기도소리와 아버지의 우렁찬 설교소리에 잠을 깨며 아침을 맞았습니다.

아버지의 늘 한결같은 자세로 일하시는 모습이 새로운 환경에 곧 적응하며 그곳에서도 제 인생의 좋은 추억을 쌓을 수가 있었던 것입니다.

또 이런 일도 있었습니다. 제가 대학생이 되었을 때도 우리 집은 여전히 곤로를 쓰고 있었습니다. 어머니는 곤로 하나와 연탄아궁이 불로 아침 그 바쁜 시간에도 여러 식구의 식사를 준비하신 것입니다. 그러던 어느 날, 여신도 한 분이 목사님 집에 와 부엌을 보고는 가스레인지로 바꾸어 주셨습니다. "우리 목사님 댁이 아직도 곤로를 쓰고 있는지 정말 몰랐네"라는 말과 함께 말입니다.

저는 그때까지도 많은 집들이 우리 집처럼 곤로를 쓰는 줄 알았는데 그게 아니었던 모양입니다.

아버지 역시 그런 시대의 변화를 모르실 리 없었을 테지만 그런 삶의 여건들에는 무감각하실 만큼 괘념치 않으셨습니다. 그래서 어머니의 고생은 좀 많았지만 말입니다.

사실 이러한 추억의 이야기 거리는 그 시절을 지나온 사람들이 모두 하나쯤은 가지고 있을 것입니다.

하지만 이제 하나님의 교회를 위해 일하는 사명의 길을 걷고 있는 저에게는 아주 특별하게 기억되는 일들입니다. 세속주의와 물질주의의 광풍이 몰아치는 시대에 올곧고 깨끗하게 하나님의 맡겨주신 일을 감당하기란 여간 어려운 일이 아니기 때문입니다.

묵묵히 어떠한 삶의 조건에서도 사명의 길을 걷는 모습을 아버지는 몸소 보여주신 것입니다. 아마도 하나님께서 주신 깊은 영혼의 넉넉함과 기쁨이 있으셨기 때문일 것입니다.

아버지의 삶을 따라 저도 목회자의 길을 걷게 되었습니다. 결코 만만치 않은 길이지만, 이 사명자의 길을 걸으면서 하나님께서 세밀히 역사하시고 인도하시며 저의 인생을 통해 하나님 자녀로서 만들어 가시고 계심을 느낍니다. 그러한 하나님의 일하심이 저의 육신의 아버지를 통해 제 인생에 신앙과 인격의 기초를 놓으셨음을 생각하게 됩니다. 아버지는 하나님과 저를 향하신 하나님의 일하심을 깨닫게 하는 하나님의 통로이셨고, 하나님이 제게 주신 인생의 스승이셨습니다.

2부

나의 생애

피테르 푸르부스, <성 베드로의 기적>, 벨기에 브르게 성당

1. 유년 시절

저는 전북 순창군 풍산면 월명리에서 태조 이성계의 셋째 아들 익안 대군의 20대 손으로 부 이풍래와 모 윤하순 사이에서 전주 이씨 5대 종손으로 태어났습니다. 철저한 유교 가문의 종손으로 태어난 것입니다. 제가 태어난 것을 부모는 물론 조부모까지도 무척 기뻐했다고 합니다. 유교에 철저한 전통에 따라 집 뒤편에 선영을 상징하는 신주(선영신위패)를 사당에 모셔놓았고, 그 옆에는 제각이 있었습니다. 명절 때나 조상들의 기일에는 신주를 제각에 모셔놓고 제사를 지내곤 하였습니다.

제가 다섯 살쯤 되었을 때에 할아버지께서는 네가 종손이니 앞으로 조상들의 제사를 맡아 지내야 하며, 제사 지낼 때 읽는 축문도 쓸 줄 알아야 하고, 제사 예법을 잘 배워서 선영을 잘 모셔야 한다고 말씀하셨습니다. 또한 할아버지는 제게 어릴 적부터 도복을 입히셨습니다. 그리하여 저는 할아버지와 함께 사당과 제각을 출입하고 제상 차리는 법을 배우면서 자랐습니다. 할아버지는 때로는 바둑판 앞에 무릎을 꿇게 하고 제게 바둑을 가르쳐 주시기도 하였습니다.

제가 1933년생이고 그때가 일제 강점기로 우리나라가 식민지 생활을 하고 있을 때였지만, 저는 그런 것은 모른 채 유교 정신을 중심으로 하여 유년 시절을 보냈습니다.

2. 학생 시절

초등학교는 우리 집에서 1㎞ 정도 떨어진 풍산초등학교를 다녔습니다. 선생님들 중에는 한국인도 있었지만 일본인도 있었기에 저는 한글도 배우고 일본말도 배우게 되었습니다. 하루는 학교에서 돌아와 집에 있는데 동네 앞에서 어른들이 징을 치고 북을 치고 꽹과리를 치며 조선 만세를 외치면서 춤을 추었습니다. 어쩐 일인가 물었더니 대답이 일제에서 해방되었다고 하는 것이었습니다. 그때서야 나라에 대해 조금 눈을 뜨게 된 것 같습니다. 그때는 초등학교를 국민학교라고 했는데, 그러니까 저는 해방 후에 국민학교 6년을 졸업하였던 것입니다. 이제 중학교를 진학해야 했는데, 그때만 해도 농촌 생활이 어려웠기 때문에 중학교에 가지 못하고 집에서 일이나 하고 지낼 수밖에 없는 가정들이 많았습니다. 하지만 저는 종손이라고 하여 더 공부하도록 해야 한다고 중학교에 진학할 수 있었습니다. 진학한 학교가 순창읍에 있는 순창중학교였습니다.

집에서 학교까지는 5㎞ 정도 되었습니다. 아침 일찍 밥을 먹고 달려가다시피 하면서 통학을 했습니다. 당시에는 중학교가 6년제였는데, 제가 5학년 때 6·25 전쟁이 일어났습니다.

인민군이 서울을 점령할 때쯤, 어느 날 갑자기 김석원 장군이 우리 학교에 찾아와서 학생들을 운동장으로 다 모이라고 호령하였습니다. 그래서 모여 선생님들의 지도하에 신체검사를 하게 되었습니다. 물론 저도 검사를 받았는데, 저는 갑종으로 판정을 받았습니다. 그리고 신체검사에 합격한 사람들은 훈련도 없이 그 이튿날 군복을 입히고 총을 나누어 주고 끌고 가게 되었습니다. 그러나 저는 숙부님이 호적등본을 면사무소에서 준비하여 종손이요 나이 어리다는 이유를 들어 학교 당국에 간곡히 요청한 것이 받아들여져 군대에 가지 않게 되었습니다.

며칠 후에 인민군이 순창에도 들이닥쳐 모든 행정 업무를 공산당이 주관하며 관리하게 되었습니다. 공산당은 인민 학생회라는 단체를 면 단위로까지 조직하였습니다. 그때 저도 학생회에 가입해서 그들이 시키는 대로 할 수밖에 없었습니다. 그때 일들 가운데 기억나는 것이 있습니다. 가을걷이 때가 되어 들에 벼들이 황금빛을 이루고 있었는데, 면 직원들이 논밭 할 것 없이 벼 이삭의 알을 세고 고추나 가지 할 것 없이 일일이 그 수를 조사해 가는 것이었습니다. 얼마간 시간이 지나는 동안 전세가 역전되어 인민군대가 패전하여 후퇴하게 되었습니다. 후에 알게 된 사실이지만 맥아더 장군의 인천상륙작전이 있었던 것입니다. 국군이 낙동강에서 치열한 전투를 치르고 있었고 부산까지도 점령되어 유린당할 뻔했지만, 인천상

류작전으로 역전된 까닭에 인민군을 비롯한 공산당들이 지리산에서 혹은 다른 산들을 중심으로 빨치산이 되고 만 것입니다. 저도 하마터면 그들에게 끌려갈 뻔했는데, 그때도 피할 길을 찾아 빠져나올 수가 있었습니다.

6·25 전쟁 삼사 개월 사이에 공산당 치하에서 살아본 것이지만, 이제 국군이 다시 순창에 입성하게 되어 민주주의가 지배하게 되었습니다. 그래서 전에 공산주의자들에 의해 끌려 다니며 인민 학생으로 일하던 자들이 이제 이전의 학생 신분으로 돌아와 지내게 되었습니다.

그 후에 알게 된 일이지만, 학병으로 끌려간 저의 동기생들은 한 사람도 살아오지 못하고 낙동강 전투에서 모두 사망했습니다. 어른들 중에는 인민군대에 의해 죽임을 당한 사람도 많았고, 다시 국군이 와서 공산당도 아닌데 오해를 받아 죽임당한 사람도 많이 있었습니다.

당시 학교는 폐교되다시피 하였고, 저는 군에 가면 죽을 줄 알고 군에 가지 않기 위해 이리저리 피신하며 지내게 되었습니다. 후에 알게 된 사실이지만, 저도 인민 학생회에서 일을 도왔다고 해서 공산당이라고 잡으러 왔었다는 이야기를 어머니로부터 들었습니다. 그 위험한 때를 잘 피하여 산 것 같습니다. 그때는 전시이기 때문에 재판 없이 죽이는 때라 인간관계가 좋지 않은 사람들은 이리 죽고 저리 죽는 험한 세상이었습니다. 일제에서의 해방의 기쁨도 잠시였고, 무서운 6·25 동란 시기를 구사일생으로 살아남게 되었던 것입니다.

3. 예수를 영접하여 믿게 되다

학교도 갈 수 없는 형편이었기에 한동안 아버님께서 사업을 하고 계셨던 광주에 가서 지냈습니다. 그 사이 시국은 질서를 찾아 회복되었습니다. 광주에 있는 동안 당시 전남대학교가 설립되어 학생을 모집하는데, 김현모라는 친구와 함께 대학에 입학하였습니다. 그때만 해도 중학교 졸업장이 없어도 입학할 수 있는 때였습니다. 후에 알게 된 것이지만, 순창 중학교 5학년생은 모두 6년 졸업장을 수여받았습니다.

대학에서 한 학기 공부를 하고 방학 때였습니다. 그 친구가 사는 대각동이라는 동네가 순창 우리 집에서 그리 멀지 않을 뿐 아니라 친족 되는 가정이 그 동네에 살고 있는 까닭에, 방학 때 저는 그 동네를 방문하여 그 친구 집에서 시간을 보냈습니다. 그러는 중에 그 친구가 하는 말이 우리 동네 위편에 올라가면 이상한 사람들이 있다고 하는 것이었습니다. 그러면서 한번 가보지 않겠는가 하기에 가보자고 하며 따라나섰습니다. 그곳은 김형태 목사님이 그 당시에는 선생으로서 농촌 문맹 퇴치 겸 전도의 일을 하고 계셨던 흙집으로 된 성산수도원이었습니다.

제가 수도원에 들렀을 때 김형태 선생님은 흙손을 가지고 받침대 위에서 벽에 흙칠을 하고 계셨습니다. 선생님은 그때 낯모르는 저를 보시고는 일을 중단하고 내려오셔서 처음 뵙습니다 하고 인사를 하시고 45도 각도로 절을 하면서 친절하게 대해 주셨습니다. 그러고는 하시는 말씀이 잠시 저편 의자에 앉아 쉬고 계시라고 하시면서 일을 마치고 대화하자고 하셨습니다. 그렇게 계속 일을 하시고 마치신 후 선생님께서는 손을 씻으시고는 제가 있는 곳으로 오셔서 함께 앉았습니다. 선생님과 통성명한 다음이었습니다.

그때 선생님께서 저에게 처음 하신 말씀은 지금 학생 신분인데 공부는 왜 하는 것이냐고 하는, 제가 공부하는 목적을 물은 것이었습니다. 그 질문에 저는 대답을 못하고 침묵할 수밖에 없었습니다. 그 까닭은 공부를 하고 있는 학생이면서도 공부하는 목적을 모르고 있었기 때문입니다. 침묵하고 있는 저를 향하여 진지하고 엄격한 얼굴로 높은 지위에 올라가려고, 장관이나 국회의원이 되려고 공부하는 것은 아닌지 하시면서 높은 지위에 오른 사람들과 공부 많이 했다는 사람들 중에 큰 도둑놈과 사기꾼들이 더 많더라, 공부하는 목적은 참사람이 되어 사람을 창조하신 하나님을 기뻐하며 그를 섬기는 것이라고 일러 주셨습니다. 흙집 수도원에서 하룻밤을 지내면서 생각하기를 그분의 인품도 훌륭하게 보일 뿐만 아니라 처음에 허리를 크게 굽혀 절하는 그 겸손한 모습과 사랑으로 대해 주시는 것에 참으로 존경하는 마음이 생기고 감사하는 마음까지 들었습니다.

하룻밤을 보낸 후 고구마로 아침 식사를 한 뒤 저에게 전도지 한 장과 요한복음이라는 쪽 복음 책을 주셨습니다. 그러고는 다음 주일날 오라고 하시면서 인생의 목적이 무엇인가를 알아서 오라고 부탁하셨습니다. 또한 땔나무 세 단을 지게에 지워주시면서 집에까지 지고 가라고 하시는 것이었습니다. 저는 농촌에 살았지만 농사할 일꾼을 두고 살았기에 그때까지 지게를 짊어져 본 일이 없었습니다.

▲ 김형태 목사님

그러나 순종하는 마음과 감사하는 마음으로 그 지게를 짊어지고 4㎞쯤 되는 우리 집까지 제법 높은 산을 넘어 집으로 갔습니다. 집에 도착해 보니 다섯 시간이 넘게 걸려서 이미 점심때가 지나 있었습니다.

집에서 읽어보니 제게 주신 전도지에는 사도행전 16장 31절의 주 예수를 믿으라 그리하면 너와 네 집이 구원을 받으리라는 말씀과, 요한복음 14장 6절의 예수께서 이르시되 내가 곧 길이요 진리요 생명이니 나로 말미암지 않고는 아버지께로 올 자가 없느니라는 말씀이 적혀 있었습니다. 며칠 동안 전도지를 읽으며 요한복음의 말씀을 읽고 또 읽어도 무슨 말씀인지 깨달아지지 않았습니다. 그러면서도 주일날을 손꼽아 기다리게 된 것은 선생님의 그 인자하신 얼굴과 45도 각도로 절하며 겸손하게 대해 주신 그 사랑의 모습이 제 눈에 선히 보이곤 하였기 때문입니다. 그리고 인생의 목적을 알아서 답해 달라는 숙제에 대해서도 아무리 생각해 봐도 확실한 답을 얻지 못했습니다. 제게는 저의 아버님께서 항상 저를 교훈하신 말씀만이 생각났습니다. 그것은 사람이 사람이면 사람이냐, 사람 노릇을 해야 사람이라는 것이었습니다.

기다리던 주일날이 되어 일찍이 서둘러 4㎞쯤 되는 흙집 성산수도원을 가서 보니 찬송 소리가 들렸습니다. 예배가 시작된 것입니다. 예배를 보고 고구마로 점심 대접을 받고 밤 예배를 참석하고 선생님과 함께 한 방에서 잠을 자게 되었습니다. 성경 이야기를 비롯해서 여러 가지 좋은 말씀을 들을 수 있었고 인생의 목적도 확실히 알게 되었습니다. 창조주 하나님을 기뻐하며 그를 경외하는 것이야말로 인생의 목적임을 깨닫게 된 것입니다. 그때부터 열심히 그 교회를 다니면서 그곳에서 학습도 받고 세례를 받아 완전한 그리스도인이 되었습니다. 저는 3형제였습니다. 3형제 모두가 성산수도원에서 신앙인으로 양육 받아 모두가 목사가 되는 축복을 받게 되었습니다.

4. 신앙생활과 핍박

예수 믿고 기독교인으로 신앙생활을 하게 되니 5대 종손으로 선영을 섬겨야 할 사람이 제사를 지내지 않게 되었을 뿐만 아니라 더욱이 사당에 모시고 있는 신주도 몰래 없애 버리기까지 했습니다. 그런 까닭에 제삿날이 되어 가문의 어르신들의 진노는 말로 표현할 수 없는 모욕으로 나타났고 집에서 쫓겨날 정도였습니다. 결국 집안 어르신들의 회의를 통해서 대를 이을 종손을 뽑게 되었는데, 제 동생들마저 모두 다 예수를 믿는다고 하니 그 문중 회의에서는 결국 아버지의 동생 되는 저의 숙부님을 종손으로 결의하게 되었습니다. 이때 저의 부모님은 일본에서 돌아가셨기에 망정이지 아버님께서 살아 계셨다면 그 핍박은 더욱 심하리라 생각되었습니다.

그 후 저의 집도 숙부님이 차지하게 되었고 저는 고향에도 갈 수 없는 나그네 신세가 되었습니다. 숙부님이 종손을 이어받게 되니 제가 없애버린 신주를 깊은 산중에 들어가 밤나무를 취해 신주를 다시 만들고 사당에 다시 모셨다는 이야기를 듣게 되었습니다. 그때 신앙인으로서 교훈을 받은 것은 아무리 우상 단지를 없애 버려도 전도하여 사람의 사상과 마음이 변하지 않으면 아무 소용이 없겠구나 하는 것이었습니다. 그렇게 생각하고 앞으로 기회가 주어지면 숙부를 비롯하여 가문의 모든 이들에게 전도해야 하겠다는 다짐을 하게 되었습니다.

오랜 세월이 흐르고 보니 우리 3형제가 모두 잘 되는 것을 알게 되고, 우리 3형제가 목회하는 현장을 다녀간 분들이 부러워하

▲ 삼형제 중 둘째인 이상구 목사가 미국에서 목회하던 중 한국을 다녀갈 때 공항에서
(왼쪽부터 필자, 이상구 목사, 이민구 목사)

는 것 같기도 하였습니다. 때로는 칭찬하는 사람들도 있었습니다. 지금은 숙부님을 비롯하여 가문의 어르신들이 모두 다 돌아가셨고, 후손들 중에는 예수 믿는 사람이 많아졌습니다. 목사가 되어 헌신하여 목회하고 계신 분들도 있습니다.

　몇 달 전, 2018년 3월에 숙모님이 93세로 세상을 떠나셨다는 부음을 받고 안양의 장례식장에 갔습니다. 거기서 여러 분들이 지금은 선영을 모실 사람도 없고 하니 저보고 종손이 되어 가문의 일들을 기독교 문화에 따라 추모 예배로 조상들을 기리자고 하는 말을 듣게 되어 하나님께 감사를 드렸습니다.

▲ 셋째인 이민구 목사의 신학대학 졸업을 축하하며 김형태 목사님과 함께
(왼쪽부터 필자, 이민구 목사, 김형태 목사님)

5. 평신도 전도사가 되다

저는 고향에서 지낼 형편이 못되어 순창과 접경지인 남원시 친척집에 의지하면서 적당한 직장을 구하고자 노력하고 있었습니다. 신도로서 교회를 찾아간 곳이 남원동부 예수교 장로교회였습니다. 성수주일은 물론이요, 수요 예배, 구역 예배, 청년회에서 봉사하며 지냈습니다. 그러던 어느 날 갑자기 그 교회 김응하 장로님께서 저에게 하시는 말씀이 산내교회에 전도사가 없으니 그 교회에 부임해서 헌신하면 전주예수병원 선교는 물론 전북 전역을 선교지로 삼아 교회가 없는 지역마다 교회 설립을 하시는 미국인 선교사 조요섭 목사님께 추천하여 보내도록 하고자 하는데 어떻게 하겠는가 하시는 것이었습니다. 저는 사양도 했습니다만, 한편으로는 내심 감사하는 마음으로 가겠다고 대답했습니다. 그래서 아직 결혼도 하지 않은 총각으로 산내교회에 부임하게 되었습니다. 교인은 십여 명 모이고 있었습니다. 당시 개척교회 치리 목사는 조요섭 선교사였습니다.

생각해 보면 부족한 것 많고 성경도 찬송도 제대로 알지 못하는 무식한 자에게 그런 용기를 준 것은 하나님의 은혜와 사랑의 인도였습니다. 교회를 맡아 일하게 된 지 7개월쯤 지나서 성산수도원 교회를 방문하였습니다. 그때만 해도 우편이나 방문이 아니면 소식을 전할 수 없는 때였기에 김형태 선생님께 제가 교회를 맡아 일하고 있다는 것을 말씀드리고 교회 일꾼으로서 조언과 지도를 받고 싶었기 때문입니다. 수도원을 방문한 날에 선생님은 광주

모임에 가서서 그곳에 계시지 않았고, 여러 청년들과 교인들이 찬송을 부르며 기도를 하는데 박수를 치고 찬송하며 방언을 하면서 얼마나 열심히 기도하는지 저는 그 모습을 보고서는 놀랍고 기이하게 생각했습니다. 왜냐하면 전에 제가 수도원 교회에 다닐 때에는 찬송할 때 박수도 치지 않았고 기도도 조용히 경건하게 엎드려 하였는데, 그 분위기가 완전히 바뀌어 있었기 때문입니다.

그래서 어찌된 일이냐고 물었더니, 간절히 기도하여 예수님이 약속한 성령을 충만히 받으면 믿음이 확실해지고 찬송도 박수치며 열심히 부를 수 있고 방언뿐 아니라 환상도 보고 입신도 하며 여러 가지 은사를 받게 된다고 하였습니다. 동시에 여러 청년들이 자랑하듯이 나는 국내 사명자요 혹은 만국 사명자라고 하면서 희망에 넘쳐 기뻐하는 모습을 볼 수 있었습니다. 저는 그러면 나는 무슨 사명자일까 궁금함을 금치 못하였습니다.

6. 사명의 확신과 능력을 체험하다

성산수도원 교회에 다니던 청년들 중에는 후에 목사가 되어 국내외적으로 귀하게 헌신하며 역사하시고 소천하신 분들도 계시고 지금도 일하고 계시는 분들도 있습니다. 그 당시 저는 청년들에게 너희들은 국내 사명자이거나 만국 사명자인 것을 알고 희망을 가지고 기뻐하는데, 나도 무슨 사명자인 것을 알고 싶으니 아는 방법을 말해 달라 물었습니다. 그랬더니 하는 이야기가 예언을 받아 보라는 것이었습니다. 누구에게 예언을 받느냐고 물으니, 수도원에서 3㎞쯤 떨어져 있는 금과면 사무소가 있는 동네에 가면 예언해 주는 분이 있다고 대답하였습니다. 그러면서 여러 청년이 저를 사랑하는 마음으로 동행하여 안내해 주었습니다. 그래서 예언자를 만나게 되었는데, 그분이 후에 김형태 목사님의 사모가 되신 설영애 사모님이십니다.

청년들과 함께 방에 들어가 인사를 나누고 저의 사명이 어떤 것인지 알고 싶어 찾아 왔으니 예언을 부탁한다고 말씀드렸습니다. 그래서 모두가 함께 무릎을 꿇고 기도하게 되었고, 설영애 사모께서 저의 등에 손을 얹고 기도하고 방언도 하면서 예언의 말씀을 들려주었습니다. 말씀의 내용인즉, 하나님이 저를 만국 사명자로 택하였는데, 그 사명자가 되려면 끊을 것을 끊어야 한다는 것이었습니다. 담배란 말을 하지 않았지만, 그 순간에 담배를 끊어야만 만국 사명자가 되는구나 하는 것을 깨닫게 되었고, 국내 사명자가 아닌 만국 사명자라고 하니 얼마나 기쁘고 감사한지 아멘, 아멘을 연발하면서 사명에 확신을 갖게 되었습니다.

저는 중학생 때부터 선배들의 강권에 못 이겨 담배를 한 개비씩 태운 것이 중독이 되어 예수를 믿으면서도 끊지 못하고 있었습니다. 심지어 교회를 맡아 일하면서도 끊어야 한다, 끊어야 한다고 결심도 수없이 했지만, 작심삼일도 아니고 하루도 제대로 견디지 못하고 태우곤 하였습니다. 그러나 예언을 받은 그때부터 만국 사명자가 되겠다는 강력한 소명의 확신과 성령의 능력의 역사로 담배를 끊게 되었습니다.

▲ 김순애와의 약혼사진

7. 김순애와 결혼하다

산내교회를 섬기는 중에 이웃 교회 목사님들이 교회 일을 하려
면 총각으로 있으면 안 되고 결혼해서 함께 목회해야 한다고 권면하
였습니다. 그러고는 여러 분들이 중매를 하는데, 한번은 순창 고향
을 다녀오면서 순창에도 같은 노회 소속인 순창 예수교 장로교회가
있어 방문하여 이성화 목사님을 찾아뵙고 인사를 하게 되었습니다.
그날은 수요일이었습니다. 목사님께서 오늘 밤 우리 교회에서 설교

▲ 김순애와의 결혼사진. 우리 두 부부 뒤편에 서신 분이 주례자 이성화 목사

하고 내가 소개하는 김순애 양이 올 테니 만나보고 마음에 들면 결혼하라고 말씀하셨습니다. 교회에 여러 처자들이 있지만, 김 양은 교회 청소는 물론 주일학교 교사로서 신앙생활에 모범적인 사람이라고 칭찬하며 권해 주셨던 것입니다.

김순애는 광산 김씨 가문이요, 부모님과 5남매의 장녀로서 순창 군청 사무원으로 직장을 가지고 있었습니다. 몇 차례 교제한 후 순창 예수교 장로교회에서 이성화 목사님의 주례 하에 결혼식을 올리게 되었습니다. 김순애는 산내교회에서부터 지금까지 아내로 서, 사명의 동지로서 함께하였습니다. 우리 부부 사이에 아들만 3형제를 주셨는데, 장남과 셋째는 목사로서 헌신하였고, 둘째는 대학 교수로 일하고 있습니다. 그리고 3형제를 통하여 5남매 손자녀를 주셨는데, 손녀가 둘이고 손자가 셋입니다. 주님의 은혜 가운데 모두가 다 자랑스럽게 자신들의 인생을 준비하고 개척하고 있습니다.

8. 산내교회를 사임하다

성산수도원 교회를 다녀온 후 우리 부부는 우리가 섬기는 교회도 열심히 기도하고 박수치며 찬송을 부르면서 약속하신 성령의 충만함을 받아 초대 오순절 교회처럼 되기를 바라며 힘을 다하여 역사하였습니다. 그뿐만 아니라 저 자신부터 성령과 말씀이 충만한 종이 되어야 하겠다는 심정으로 부르짖는 가운데 방언도 하고 환상도 체험하면서 지금은 지리산 산중에 있는 작은 산내교회에서 일하지만, 언젠가는 만국 사명자로서 국내에서는 물론 세계 각국에 다니면서 귀하게 쓰임을 받을 것이라는 비전을 가지고 일했습니다. 낮이면 마을의 여러 가정을 방문하여 전도하고, 교회에서는 열심히 성경 말씀을 읽었으며, 밤에는 기도와 찬송을 열심히 하면서 온 교인들이 오순절 성령 강림을 체험하여 확신과 능력 있는 교인이 되기를 힘썼습니다.

교인들이 한 사람 두 사람 성령을 받으며 방언을 하고 전도도 하게 되었고, 마침내 이십여 명의 성도들이 같은 은혜를 받게 되었습니다. 지금은 성령을 충만히 받으며 방언하는 것을 대부분의 교회가 자랑스럽게 여기고 오히려 사모하고 합니다만, 1960년대에는 이단으로 여기고 경계하는 때였습니다. 그런데 제가 섬기는 교회의 소문이 성도들을 통하여 이웃 인월교회뿐 아니라 남원시에 있는 교회들에게까지 알려지게 되었습니다.

당시 산내교회는 일 년에 한 차례 선교사 조요섭 치리 목사님이 교회를 방문하여 학습인도 세우고 세례도 베풀어 주시기도 하며 개척하는 교회였습니다. 목사님은 이런저런 도움을 주시기도 하였는데, 이 치리 목사님께 이웃 교회 목사님이 이형구 전도사가 건전하게 목회하지 못하고 이단에 빠져 방언도 하고 예언도 하며 교회를 바르게 인도하지 못하고 있다고 악평하였습니다. 그리하여 치리 목사님으로부터 교회를 사임하고 신학교에서 공부를 했으면 좋겠다는 권고를 받게 되었습니다. 할 수 없이 교회를 사임할 수밖에 없었습니다. 이때부터 저의 처는 친정으로 가서 잠시 지낼 수밖에 없게 되었고, 저는 서울로 올라가게 되었습니다. 이때는 성산수도원 교회에 계셨던 김형태 선생님께서 서울에 계실 때였기에 그분의 지도를 받기 위해서였습니다.

9. 연단을 견디지 못하다

서울로 올라간 저는 김형태 선생님을 찾아뵙고 저의 사정을 말씀드렸습니다. 그렇게 말씀드렸더니 우리 집에서 같이 지내면서 하나님께서 인도하시는 때를 기다리자고 말씀하셨습니다. 감사하는 마음으로 서울 응암동의 작은 집에서 가족처럼 지내게 되었습니다. 당시에는 선생님의 어머님께서 계셨는데, 날마다 사랑으로 저를 대해 주셔서 평안히 잘 지낼 수 있었습니다.

하루는 선생님께서 토끼 다섯 마리를 구하고 집 마당에 토끼집을 마련하여 저보고 키우라고 하였습니다. 저는 날마다 꼴망태를 지고 토끼 먹일 풀을 마련하여 토끼를 키웠습니다. 처음에는 재미있고 기뻐하면서 지냈습니다. 그러나 몇 달을 지내고 나서 생각해 보니 내가 선생님을 찾아뵈면 성공할 수 있는 좋은 길을 열어주기를 기대했는데 겨우 토끼나 키우라고 하는가 싶었습니다. 저는 저의 길을 가야 한다고 생각하였습니다. 그리하여 꼴망태를 팽개치고 몰래 도망하여 전남 광주로 가게 되었습니다.

광주로 내려간 것은 외족 중에 윤재만 목사님이 광주에서 목회를 하고 계셔서 찾아뵙고 취직을 부탁하고자 함이었습니다. 목사님은 반갑게 대해 주시면서 기다리라고 말씀하셨습니다. 광주시 변방 시골과 같은 곳에서 셋방 하나를 구하여 취직 때를 기다리면서 지내게 되었습니다. 길이 열리기를 기다리고 있었지만, 마음 한구석에서는 선생님을 배반하고 말 한마디 없이 도망해 온 것이 괴롭고 아프기까지 하였습니다. 일 개월쯤 될 때는 밥맛도 없고 극장에 가서 구경을 하며 마음을 달래보려고 해도 아픈 마음은 마찬가지였습니다.

그런데 어느 날 셋방에 와보니 집 주인이 오늘 어느 분이 오셔서 저의 안부를 묻고 편지를 써서 침대에 놓고 가셨다는 이야기를 했습니다. 방에 들어가 편지 내용을 보니 내용이 간단하였습니다. "이형구 전도사, 주님께로부터 받은 사명을 감당하여야 합니다.

서울로 돌아오시오"라는 간단한 말씀과 함께 흙 김형태라고 쓰시고 서명을 한 것이었습니다.

저는 이 편지를 보는 즉시 떨림과 두려움과 불안이 엄습하여 더욱더 괴롭고 아프고 죄송한 마음으로 잠도 잘 수 없는 형편이 되었습니다. 그렇게 며칠을 보내면서 하나님 앞에 회개하며 자복하기를 잠시 동안의 어려움을 견디지 못하고 사명을 망각하고 도망해 온 것을 용서해 달라고 하였습니다. 저는 하나님께 붙들린 몸이라 괴로우나 즐거우나 사명을 따라 살아야 된다는 생각이 들었습니다. 그래서 염치없지만 선생님을 다시 찾아뵙고 지도를 받기로 결심하고 다시 서울로 올라가 선생님 댁에 찾아갔습니다. 선생님은 아무 일도 없었다는 듯이 이전과 같이 대해 주셨습니다.

그러나 제게는 한 가지 궁금한 것이 있었습니다. 내가 도망간 광주를 어떻게 알고 다녀가셨느냐 하는 것이었습니다. 그래서 종종 기회 있을 때마다 물어보았으나 일절 언급하지 않으시고 침묵하셨습니다. 그 후 신학교를 졸업할 때 오셔서 축하해 주셨을 때에도 물었지만 여전히 웃기만 하시고 침묵하셨습니다. 어느 때 알게 되었는가 하면, 제가 목사 안수를 받은 후 유성에서 몇 분의 목사님들과 함께 식사를 한 후 찻집에서 차를 나눌 때였습니다. 선생님께 이제 저도 목사가 되었으니 그 연유를 말씀해 달라고 하니 그때에 비로소 말씀해 주시는 것이었습니다. 제가 토끼를 키우다가 꼴망태를 팽개치고 도망간 후 하루는 삼각산에서 기도하실 때에 저를 위해 기도하니 光州라고 한문 글자가 나타나 이형구가 광주에 있다는 것을 확신하게 되었다는 것입니다. 그 길로 서울역에서 광주로 가는 기차를 타고 광주에 도착하였으나 광주도 꽤 큰 도시인데다가 어느 곳에 있는지 알 수 없어 광주역사에서 기도하셨답니다. 그때 환상으로 광주의 변방에 있는 다리가 보여서 바로 택시를 타고 그 다리에 와보니 여기저기 집이 몇 채가 있었고, 성령의 감동으로 제가 살고 있는 셋방 집을 찾아오실 수 있었다는 것입니다. 집 주인에게 이 집에 이형구란 분이 살고 있습니까 하고 물으니 예, 이 방에 삽니다라고 대답했지만, 제가 없어 편지를 남기고 발길을 돌렸다는 것입니다.

저는 이때 선생님께서 방문하신 것이 마치 부활하신 예수님께서 갈릴리에서 사명을 망각하고 고기잡이 하고 있던 베드로를 찾아주시고 다시금 사명을 붙들어 주신 것과 같다고 믿고 있습니다. 예수님이 선생님과 함께하셔서 저를 찾아주셨기 때문에 제가 평생 사명의 길을 걸어올 수 있게 되었다고 믿어 저로서는 그때의 일을 결코 잊을 수가 없습니다.

10. 예산장로교회에서 성령을 체험하다

김형태 선생님께서 삼각산 임마누엘수도원에 계시면서 숙명대학교 교목으로 활동하실 때였습니다. 한번은 예산 예수교장로교회 김능백 목사님의 초청으로 선생님께서 그 교회에서 부흥 성회를 인도하시게 되었습니다. 저도 사모하는 마음으로 참석하였습니다. 그 당시에는 대부분의 교회에 의자가 없었으며, 간혹 방석이 있는 교회도 볼 수 있었지만 대개 마룻바닥에 앉아 예배를 드리던 시절이었습니다. 저는 예배당 중간쯤에 앉아서 말씀과 은혜를 기다리고 있었습니다. 담임목사님께서 시간이 되어 부흥 성회의 개회를 선언하시고 기도하신 후 강사님을 소개하였습니다. 이어서 강사님께서 강단에 서시는데 얼굴에서 빛이 나는 것처럼 보였습니다.

첫 시간에 부른 찬송은 260장 "우리를 죄에서 구하시려 주 예수 십자가 지셨으니 기쁘게 부르세 할렐루야 나 구원 얻었네."이었습니다. 4절까지 있는데 한 번 부르신 다음, 한 번 더 부르자고 하시면서 손뼉을 치며 찬송을 부르자고 하셨습니다. 그때 성회에는 200여 명쯤이 참석하였는데, 말씀에 순종하여 박수치며 찬송하는 분들은 불과 10여 명 정도라고 생각되었습니다. 저는 당연히 박수치며 찬송하였습니다. 그때 강사님께서는 성경 시편에 손뼉 치며 하나님을 찬송하라고 하셨는데 왜 박수를 치지 않습니까 말씀하시면서 특별히 2절을 따라 읽게 하셨습니다. "우리를 주께서 구했으니 이전에 행하던 악한 일과 추하고 더러운 모든 죄를 온전히 버렸네." 강사님께서 2절만 박수치면서 부릅시다 하고 찬송을 부르는데, 여전히 박수치는 분들은 10여 명에 불과한 듯 보였습니다. 그때 강사님은 말씀하시기를 "여러분, 은혜 받고자 하시면 겸손하셔야 합니다. 교만한 마음을 버리십시오. 간판을 떼십시오. 하늘에서 빗물이 내리면 낮은 곳으로 모입니까, 뾰족한 곳으로 모입니까?" 하시면서 깜짝 놀랄 만큼 큰 음성으로 다 같이 손뼉 치며 찬송합시다 하셨습니다. 그러고서는 손드십시오 할 때에 모두가 손을 드는 것이었습니다. 그때 다시 2절만 손뼉 치면서 부릅시다 하시고 찬송을 불렀으나 여전히 박수 소리는 10여 명에 불과했습니다. 그때였습니다. 강사님께서 지금 여러분이 부르신 찬송 가사는 뭐라 말씀합니까, 이전에 행한 일과 추하고 더러운 모든 죄를 온전히 버렸네 라고 하셨는데, 여러분은 모든 죄를 다 버렸습니까 하시며 회개하십시오 하고 외치시는데, 그때 홀연히 저에게 놀라운 역사가 나타났습니다. 하늘 문이 열리며 하늘에서 큰 바위 같은 불이 떨어지는데 제가 그 큰 바위와 같은 불에 맞으면 타 죽을 것 같아 순간적으로 피해 보려고 하였으나 그 큰 불이 저의 온 몸을 덮쳐 버림과 동시에 뒤로 쓰러지게 되었습니다. 그러면서 아이고 어머니! 하고 소리 지르며 뒹굴고, 요란하게 방언도 하고, 부끄러운 줄도 모르고 발을 구르며 손을 흔들었습니다. 얼마 동안인지 모르지만 계속 그렇게 하니 강사님께서 설교할 수 없는 상태인지라 모두 통성으로 기도합시다라고 선언하였습니다. 그리하여 모두가 기도하게 되니 저뿐만 아니라 누구인지는 모르지만 다른 분에게도 성령이 임하심으로 진동도 하고 방언도 하며 은혜를 받는 것이었습니다.

정신을 차리고 절제하며 생각하니 멋없기도 하고 미안하기도 하였으나 기쁨과 감사의 마음이 넘쳤습니다. 저는 그때부터 이전보다 너무나도 확실하게 주님이 저의 모든 죄를 사하셨다는 것과 주님과 제가 완전히 하나가 되었다는 것을 믿게 되었습니다. 그리고 이제 성령이 내 몸을 성전 삼고 내 속에 계시면서 감동하여 주심으로 영감을 받기 시작하였습니다.

그날 첫날 밤 집회가 저로 인해 그렇게 되었느니, 박수치는

▲ 김형태 목사님

것조차 이해하지 못한 교회가 얼마나 오해하였을까 짐작이 되었습니다. 그날 밤 교인들은 두 그룹으로 갈리었습니다. 은혜를 사모하는 그룹과 부흥회를 못마땅하게 여기는 그룹이었습니다. 그 성회에 대해 호감을 갖고서 온 교회가 한마음이 되어 은혜를 사모하여 모이기를 힘쓰게 된 것은 그 이튿날 새벽 예배를 마치고 그 교회 담임목사님께서 김형태 강사님, 고용일 전도사님 그리고 저와 함께 병으로 고생하고 계시는 여성도 가정과 남성도 가정 두 곳을 심방하게 된 이후의 일입니다. 심방할 때에 성령의 권능이 나타나 두 분이 병에서 고침을 받았습니다. 여성도는 일 년 이상 두문불출할 정도로 중풍으로 고생하는 분이었고, 남성도는 중년쯤 되었는데 폐병으로 힘을 잃고 쓰러져 역시 두문불출하는 상태였습니다. 그러

184

나 이분들이 병 고침을 받아 여성도는 자기 발로 걸어서 낮 집회에 참석하고, 남성도는 자전거를 타고 교회 집회에 참석하게 되었습니다. 이 소문이 예산 읍내 온 교회에 퍼져 얼마나 많은 신자들이 은혜를 사모하며 모이는지 앉을 자리가 없을 정도였습니다. 그 시절에는 부흥회를 월요일 밤에 시작하여 그 다음 주 월요일 새벽까지 만 일주일 동안 인도하였습니다. 얼마나 은혜가 풍성했던지 한 주간 계속 성회를 더 하자고까지 매달리는 모습도 볼 수 있었습니다.

11. 고용일 목사님과 함께한 속리산 기도원에서의 기도생활

삼각산 기도원에서 김형태 강사님과 원장이신 염애경 권사님 그리고 고용일 전도사님과 제가 같이 기도하며 지낼 때였습니다. 하루는 김형태 선생님께서 속리산 감람산기도원이 있는데, 염애경 권사님께서 성령의 인도 따라 그곳에 기도원을 15평쯤 되는 토벽 집으로 세우고 그곳에서 지내시다가 서울 삼각산으로 오게 되었다며, 고용일 전도사님과 저에게 그곳에 가서 기도원을 지키며 기도생활을 하라고 명령하셨습니다. 나오라고 할 때까지 그곳에 있으라는 말씀이었습니다.

그때는 12월 23일, 성탄일 바로 전전날이었습니다. 밀가루 한 포대와 쌀 한 말 그리고 성탄절에 떡국을 먹도록 잘게 저민 떡과 소고기 한 근을 주시면서 떠나라고 하셨습니다. 우리 둘이서 보은읍까지 버스를 타고 도착하여 걸어서 20㎞쯤에 있는 기도원을 찾아가게 되었습니다. 가서 보니 권사님과 집사님 두 분이 계셨는데, 그분들과 같이 성탄절을 기쁘게 보내고 나니 쌀과 고기, 떡은 다 떨어지고 밀가루 한 포대만 남아 있었습니다. 넷이 먹으면 밀가루마저 수일 내에 다 떨어질 것 같아 권사님과 집사님에게는 기도생활 많이 하셨으니 내려가 교회를 섬기시라고 강권하여 가시게 하였고, 우리 둘이서 성경 보며 지내게 되었습니다.

먹을 것이라고는 밀가루뿐이었습니다. 죽처럼 먹는데도 한 달이 못가서 다 떨어졌습니다. 이제는 금식하며 지낼 수밖에 없었습니다. 한겨울을 지내면서 산에서 땔나무를 마련할 수 있어 방은 따뜻하니 추위에 떨지는 않았으나 먹을 것이 없어 금식 아닌 금식을 하게 되었습니다.

굶고 앉아 있을 수만은 없었습니다. 어느 날엔가 전에 계셨던 권사님이 떠나시면서 먹을 것이 떨어지는 경우 외속리면 한 동네를 찾아가면 예수 믿는 가정이 있으니 도움을 받으리라는 말씀이 생각났습니다. 그 생각에 우리 둘은 그 집을 찾아가 보기로 했습니다. 그 동네를 찾아가는 길가에 한 집이 있었습니다. 그 집 마당에 한 분 남자 어르신이 땔나무를 자르고 있었는데, 부엌에서부터 고소한 밥 냄새가 풍겨오는 것이었습니다. 고용일 전도사님께 우리 밥 좀 얻어먹자고 제의했더니 저보고 먼저 구해보라고 하셨지만, 자존심에 용기를 내지 못하였습니다. 고 전도사님이 먼저 구해보시라고 하였으나 전도사님도 역시 입을 열 수 없는 것 같았습니다. 그때 우리들의 겉모습은 정장에 코트까지 입은 신사와 같이 보였지

▲ 고용일 목사님과 함께

만, 어떻게든 먹을 것을 부탁해야 했습니다. 결국 용기를 내서 둘이서 함께 구해 보자고 하여 무거운 입을 열었습니다. 우리는 서울에서 온 사람인데 밥 좀 먹고 가게 해 주십시오 하였지만 반응은 싸늘한 거절이었습니다. 서울에서 온 사람들이 여비도 준비하지 않고 다니느냐고 오히려 충고하는 것 같았습니다.

　도리 없이 우리는 눈물을 감추고 발길을 재촉해야 했는데, 결국 눈이 쌓인 산길을 걸어 그 동네의 예수 믿는 가정을 찾아갈 수 있었습니다. 감람산기도원에서 온 사람들이라고 하였더니 친절하게 맞아주시고 저녁 식사를 대접받는데 얼마나 감사한지 식사 기도를 5분은 더 길게 한 것 같습니다. 그곳에서 따뜻이 그 이튿날까지 대접을 받고 돌아온 것은 잊을 수가 없습니다.

우리 둘이는 기도원에서 성경 보고 기도생활을 하면서 솔잎을 먹을 때도 있었고 산나물로 주린 배를 채우며 도토리를 먹을 때도 있었습니다. 물만 마시고 지낼 때도 있었습니다. 우리 둘이는 우리가 주일을 기도원에서 지낼 것이 아니라 내속리면 상판이라는 동네와 외속리면 삼가리 동네를 교대로 전도도 하고 주일 성수도 하기로 하였습니다. 교대로 다니었으나 얼마 후 고용일 전도사님은 삼가리에서 지내면서 교회를 개척하며 지내셨고, 저는 기도원에서 지내면서 상판 동네에 다니면서 전도하였습니다. 어른들은 전도하기가 힘들었지만, 어린이들은 저를 반갑게 대해 주기에 그들을 이끌고 동네 밖 한적한 곳에서 예배를 드리며 재미있게 지내게 되었습니다. 그러면 어린 아이들이 고구마와 옥수수를 가져오고 어떤 아이는 쌀도 조금씩 주기도 하여 얼마나 기쁘고 감사한지 몰랐습니다. 기도원에서 지내면서 어린 아이들을 데리고 야외 예배를 드리는 주일날이 기다려지기도 하였습니다.

12. 시험을 이기다

어느 날 저 혼자 그 깊은 산중 기도원에서 있을 때였습니다. 월요일로 기억하고 있습니다. 기도원은 단칸방이었고 밖을 볼 수 있는 작은 창문과 출입문이 하나 있었습니다. 산짐승의 침입을 방지하기 위해 문을 닫고 방에서 자물쇠 대신 나무 받침대를 사용하였습니다. 밖에서 밀쳐도 받침대를 치우지 않으면 들어올 수 없도록 문단속을 하고 잠을 자곤 하였습니다. 그런데 밖에서 사람 있습니까, 문 좀 열어 주세요라는 여자의 음성이 들렸습니다. 저는 얼마나 놀랐는지 일어나 문 가까이에서 누구십니까 물었습니다. 그랬더니 청원군 미원에서 온 예수 믿는 신자입니다 하기에 문을 열어 드렸습니다. 그분은 황급히 방에 들어와 기도한 후 자기가 이곳까지 찾아오게 된 이유를 말하는 것이었습니다. 자기는 미원교회 집사인데, 기관지병으로 고생하는 중 나운몽 장로님이 원장으로 있는 용문산 기도원을 전에 다녀온 일이 있어서 그 기도원으로 가려고 출발하였다는 것입니다. 그런데 버스 정류장에 도착하여 차 시간을 기다리고 있는데, 옆에 있는 사람들이 속리산 기도원 이야기를 할 때에 마음에서 용문산 기도원으로 가지 말고 속리산 기도원으로 가라는 감동이 있어 그분들에게 속리산 기도원이 어느 곳에 있는지 물었다는 것입니다. 그래서 속리산 정이품이란 소나무를 지나 오른쪽 산골짜기를 따라 올라가면 있다고 하여 찾아온 것이 이렇게 해가 지고 어두운 밤에 도착하게 되었다는 것입니다.

기도원에는 전기불이 없어 호롱불을 켜고 지낼 때이기 때문에 방이 밝지는 않았습니다. 그런데 저에게 시험이 찾아 왔습니다. 이 여집사님이 아름다운 여인으로 보이면서 정욕의 마음이 있었는데 저의 마음도 모르고 자기를 위해 안수 기도를 요청하며 무릎을 꿇는 것이었습니다. 거부할 수 없어 안수 기도를 하는데 정욕의 마음을 이기고 깨끗한 마음으로 기도하여야 한다는 마음으로 방언 기도로만 열심히 기도하였습니다. 기도를 마친 후 저의 마음에 제가 주의 종으로 무장하도록 수련할 수 있는 기회를 주셔서 이 산중까지 와서 굶으며 노력했는데 이 모양인가 싶었습니다. 마침 요셉이 정욕의 시험이 올 때 뿌리치고 도망갔다는 말씀이 생각났습니다. 그래서 기도원 밖으로 나가 평소에 기도한 기도처로 가서 온밤을 지새우며 기도하고 날이 밝아 내려왔습니다. 그때 그 여집사를 마주보니 간밤에 그렇게 아름답게만 보였던 분이 참으로 못생긴 얼굴일 뿐만 아니라 나이도 저보다 30년은 더 많은 할머니에 가까운 사람으로 보였습니다.

이 시험을 이긴 후 기도원에 놀라운 변화가 찾아왔습니다. 이 집사님께서 기도원의 형편을 알고 제가 집에 가서 우리 교회 교인들을 여러 분 데리고 와 함께 은혜 받겠다고 하고 가시더니 그 이튿날 십여 명의 청장년들을 데리고 왔을 뿐만 아니라 먹을 양식도 많이 가지고 왔습니다. 그날부터 산상 부흥회가 시작되었습니다. 모두가 성회를 통하여 성경 말씀을 읽으며 성령 충만을 위해 한마음으로 오로지 기도에 힘쓸 때에 오순절 다락방을 이루었습니다. 방언은 물론 병 고침과 예언과 환상과 입신하는 분들도 있었습니다. 하루는 예언하는 분이 예언하기를 저를 비롯하여 다섯 분이 세계 각국에 돌아다니면서 전도하라는 명령이 있었고, 날아다니면서 그렇게 한다는 것이었습니다. 그리고 동시에 날을 받아주는 것이었습니다.

그때 저는 예언을 절대 하나님의 명령으로 믿었습니다. 그날이 되어 우리 다섯은 팔을 붙잡고 기도원 마당에서 날아가기를 기다리며 서 있었습니다. 빌립도 가사에서 홀연히 아소도에 가서 전도하였고, 엘리야도 에녹도 살아서 죽음을 보지 않고 하늘에 올라가셨는데, 그 능력이 나타나면 우리도 각국에 다니면서 전도할 수 있다고 믿었습니다. 외국어를 몰라도 방언과 통역의 은사가 함께 할 것을 믿고 종일토록 기도하며 서 있었습니다. 물론 날아가지 못하고 헛수고만 하였습니다.

이 이야기를 김형태 목사님께 간증한 일이 있었습니다. 그때는 웃기만 하셨습니다. 세월이 흘러 1979년도 가을로 기억됩니다. 김형태 목사님과 고용일 목사님 그리고 저 세 사람이 처음으로 미국에서의 사명자 성회와 부흥회를 인도하기 위해 김포 공항에서 비행기를 기다리고 있었습니다. 함께 화장실에서 손을 씻고 있는데, 김형태 목사님께서 저에게 하시는 말씀이 속리산 기도원에서 날아가지 못하고 비행기 타고 날아가게 되었구먼 하셔서 예, 그렇습니다라고 대답하며 웃은 일이 있었습니다. 그때 속리산에서 함께 서 있었던 분들 가운데 장국회라는 분이 있었는데, 장로교 전도사님이 되어 헌신하고 있다는 말씀을 고용일 목사님을 통해 들었습니다.

13. 속리산 기도원에서 교회로 인도하시다

속리산에서의 한동안의 성령 역사는 태풍같이 지나고 고용일 전도사님은 삼가리교회에서 계속 섬기고 있었습니다. 저는 혼자서 기도원에서 지내면서 외로이 성경을 읽으며 날마다 열심히 기도하고 있었습니다.

어느 날 오후 3시쯤으로 기억되는데, 기도원 뜰에서 바라보니 200m쯤 되는 곳에서 사람 세 분이 올라오고 있었습니다. 그날은 아침부터 비가 내렸는데, 그분들은 비를 맞으면서 기도원을 향해 올라오는 것이었습니다. 잠시 후 도착하신 분들을 보니 60세 전후로 보이는 할머니와 40대쯤 되는 여자 두 분이었습니다. 한 분은 도랑물을 건너실 때 고무신 한 짝을 잃어버리고 한 짝만 신은 채 당도하셨는데, 실례합니다 하면서 방에 들어오신 분들이 무릎을 꿇고 기도하는 것이었습니다. 잠시 기도하신 후 통성명도 하기 전에 40대쯤 되는 여자분께서 60대쯤 되는 분을 하나님 사람이라 부르면서 그에게 맞습니까 하고 물었습니다. 그때에 하나님 사람이란 분이 저를 한참 쳐다보시더니 맞아요 하는 것이었습니다. 그때에 제가 물었습니다. 어디서 사시는 분들이며 어찌해서 이곳까지 방문하셨고 무슨 일을 하시는 분들입니까? 그러고는 서로 인사를 나누고 말씀을 나눕시다 하였더니, 하나님 사람이란 분이 말씀하시기를 자기들은 청원군 낭성면 이목리에 사는 사람들이며 하나님의 성회 교회에서 교회를 섬기는 자들인데, 하나님 사람은 본래는 정 집사로 불렀지만 하나님께서 명령하시기를 너의 이름을 정 집사로 하지 말고 하나님 사람이라고 하라 해서 그렇게 부른다는 것이었습니다. 그리고 여기까지 찾아오게 된 것은 오늘 새벽 예배 후 기도하는데, 속리산의 정이품 나무를 보여주시면서 속리산 기도원에 전도사님이 기도하고 있으니 그분을 모셔다 너희 교회 강단에 세우라는 음성과 함께 전도사님의 얼굴 모습까지 보여주셨기 때문에 제가 우리 교회 집사님 두 분을 대동하고 여기까지 찾아오게 되었다고 하시는 것이었습니다. 그리고는 전도사님을 보니 오늘 새벽 기도할 때 환상으로 보여주신 분이 확실하여 집사님들께 맞다고 하였다는 것이었습니다. 그러니 저보고 자기 교회 강단을 맡아 인도해 달라고 하였습니다.

저는 즉시 거절을 하였습니다. 저는 저를 지도해 주시는 선생님께서 속리산 기도원에 보내시면서 나오라 할 때까지는 나오지 말라고 하여 기도원을 지키고 있어야 한다고 대답했습니다. 그랬더니 한 분 집사님께서 하시는 말씀이, "전도사님, 큰 일 날 말씀을 하면 안 됩니다. 이 분이 누군지 아세요? 하나님 사람입니다. 하나님 사람 말씀대로 우리 교회에 오셔야 합니다"고 하시는 것이었습니다. 그러기에 제가 대답하기를 "저도 하나님 사람입니다. 예수 믿는 자는 모두 하나님 사람이지요. 그리고 하나님께서 하나님 사람이라 부르시는 분에게 그런 지시가 있었다면 저에게도 하나님의 지시가 있어야 하는데, 저는 그런 지시를 못 받았습니다. 고넬료에게 환상을 보여주신 하나님이 베드로에게도 지시해 주지 않았습니까?" 하였습니다. 그 순간 하나님 사람이 하시는 말씀이 참 좋은 말씀을 하셨습니다라고 하더니 집사님 두 분과 같이 계속 전도사님께 지시하여 달라고 기도만 하는 것이었습니다. 하룻밤을 지내고 이튿날 가십시다 하고 그분들과 같이 기도원을 나와 이목교회 강단에 서게 되었습니다. 하나님 사람과 집사님들에게는 제가 하나 님께 지시 받은 것처럼 보였을지 모르겠으나 깊이 생각해 보면 저는 그 교회에 부임하면 굶지 않고 대접 받으면서 주의 일을 할 수 있겠다 싶어서 따라가게 된 것 같습니다.

이목교회는 하나님 사람이 개척한 교회였습니다. 본래 하나님 사람은 그 동네에서 혼자 예수를 믿었고 교회가 없어 10㎞쯤 떨어져 있는 청주교회에 다니게 되었습니다. 청주교회에서 집사 직분도 받아 충성되게 신앙생활을 하는 가운데 자기 동네에서 전도를 열심히 하였습니다. 그리고 자기 가족들은 물론 동네 아이나 어른이 나 병으로 고통을 받는 자들을 위해서 기도하면 고침을 받는 역사가 많았습니다. 그 소문이 이웃 동네까지 퍼져서 정 집사님 가정으로 병자들이 날마다 찾아오게 되었고, 기도하면 치료를 받게 되니 아들이 50평쯤 되는 교회를 세우게 되었던 것입니다. 제가 그 교회 부임할 때에는 70여 명의 신자들이 모여 주일에 예배를 드리고 있었습니다.

저는 있는 힘을 다해 기도하고 말씀을 전하였습니다. 하나님의 성회 교단은 그 당시만 해도 군소 교단이었습니다. 이 교회에서 분립되어 세워진 교단이 순복음 교단입니다. 그러니 이 교회가 일찍부터 성령의 은혜와 은사를 사모하며 발전해 왔다는 것을 알 수 있었고, 저는 말씀과 함께 성령 충만과 여러 가지 은사 운동에 거리낌 없이 역사할 수 있었습니다. 하루는 김형태 선생님이 방문하여 하룻밤을 주무시고 저를 격려하시고는 속리산 기도원에서 금식 기도하고 있는 고용일 전도사님을 만나시고 서울로 가시겠다고 말씀하셨습니다.

14. 교회에서 신학교로

하나님 사람은 본래 초등학교도 졸업하지 못한 문맹이었으나 예수님을 믿고서 한글 성경을 읽을 수 있게 되었고 주로 병 고침을 통해서 많은 신도를 모시고 아들이 설립해 주신 교회에서 20여 년 동안 강단을 지켜 왔습니다. 언젠가 그분은 하나님의 성회 교단에서 목사님이나 전도사님을 파송해 준다 해도 주님의 응답이 없다고 하면서 거절하고 자신이 친히 강단을 지켜 왔으며, 기도하는 가운데 환상을 통하여 저를 처음으로 강단에 세웠다는 말씀을 하셨습니다.

일 년이 지난 추석 명절에 그 교회 출신이신 김상호 목사님이 고향에 오셨습니다. 이분은 그 후에 오산리 기도원 원장으로 지내시다가 소천하셨습니다. 그런데 그분이 저에게 권하시는 말씀이 순복음 신학교에 입학해서 공부하여 우리 교단의 목회자가 되라는 것이었습니다. 김상호 목사님도 하나님 사람의 기도로 병 고침을 받고 예수를 잘 믿으면서 사명감을 가지고서 헌신하여 신학을 공부했고 그 교단의 목사가 되었습니다. 김 목사님은 당시 그 교단의 최고위원으로 선임되어 총회 임원으로 활동하고 계신 분으로서 제가 신학교에 입학하여 공부하면 장학생으로 학비를 도와주겠다고 하셨고 하나님 사람도 권하였습니다.

김형태 선생님과 상의하니 그 신학교는 오순절 은혜를 주장하는 신령한 학교라고 하시면서 입학하여 공부하라 하셨습니다. 그래서 서울에 올라가 삼각산 기도원에 거처하면서 학교를 다녔습니다. 당시 순복음 신학교는 3년 수업하면 졸업이었습니다. 2년은 공부하고 3학년 때는 실습과 통신으로 공부하면 졸업이었습니다. 2년을 수료하니 교단에서 전남 신안군에 압해도라는 섬이 있는데 그 교회에 부임하라고 하였습니다. 저는 만국 사명자로 쓰시려고 택하여 부르셨는데 섬으로는 갈 수 없다는 생각으로 삼각산에서 계속 기도하며 지냈습니다.

당시 김형태 선생님은 삼각산 성굴 중심으로 사명자 성회를 인도하고 계셨습니다. 저도 성굴에서 선생님의 시중을 들면서 날마다 기도하며 은혜 생활을 하는 가운데 국내에서는 물론 세계 여러 나라에서 역사할 수 있는 종이 되겠다 생각하고 사명감에 불타 있었습니다.

15. 기도의 능력과 기적의 역사

하루는 삼각산 계곡 바위 위에서 홀로 기도하되 온 힘을 다하여 큰 소리로 부르짖고서 얼마 후 눈을 뜨고 보니 옆에 한 여인이 앉아 있었습니다. 그분은 서울 후암동 성결교회 전도사님이신데,

삼각산에서 기도하는 중에 어디선가 기도 소리가 들려 들어보니 너무나도 간절하게 온 산이 울릴 정도로 하기에 어느 분이 저렇게 힘 있고 간절하게 기도하는가 하여 기도 음성에 끌려 감동이 되어 왔다는 것입니다. 그러면서 제게 전도사인지 목사인지 물었습니다. 저는 전도사라고 대답했습니다. 그러자 그분은 자기 신분을 밝히면서 전도사님께 한 가지 부탁이 있다고 했습니다. 그것은 후암동 자기 동네에 집사님 한 분이 병으로 누워 집에 계시는데 그분 댁에 자기와 같이 가서 예배를 인도해 주면 고맙겠다는 것이었습니다. 저는 특별기도 제목을 가지고 기도 중이라고 말하며 사양하였는데, 다시금 간곡하게 부탁하는 것이었습니다. 전도사님은 자기 승용차가 있으니 잠시 다녀오자고 강권하여 후암동에 사는 민 집사님이라는 분의 집에 도착하니 대궐 같은 집이었습니다.

방에 안내를 받아 들어가 보니 집사님이 일어나지도 못하고 누워 계셨습니다. 간절히 예배를 드리고 안수 기도도 하였습니다. 집사님은 예배 후 마음이 시원하고 하나님께 감사하는 마음입니다 하며 웃는 얼굴로 저를 바라보는 것이었습니다. 그때 제가 말하기를 오늘 제가 예배할 때는 이 정도로 주님이 역사했지만 저의 선생님이 오셔서 예배 인도하시면 병이 나을 것 같습니다 하였습니다. 그랬더니 여 전도사님이 자기소개를 하기를 이름은 김달향이요 대구 출신이며 대구에서 미인 대회에 참여하여 미인으로 선발된 사람이고 남편은 장로님이셨습니다. 이분이 전도사님의 선생님이 누구십니까, 저 좀 만나게 해주세요라고 얼마나 간절히 부탁하는지 김형태 선생님이라고 소개하였습니다.

그날 저는 서울 행당동에서 어머님과 함께 계신 선생님 댁을 찾아가 선생님을 만나 뵙고 오늘 삼각산에서 기도 중에 김달향 여전도사님을 만난 것과 민 집사님 댁에서 예배 인도하고 선생님을 소개하였다는 말씀을 드렸습니다. 그랬더니 선생님은 거기에 하나님의 뜻이 있으니 계속 기도하라고 하셨습니다. 며칠 후 김달향 전도사님께서 김형태 선생님을 방문하여 민 집사님 댁에서 한번만 예배를 인도해 주십시오 하면서 간절히 부탁하셨습니다. 선생님은 거절치 못하고 날짜를 정하여 주셨고, 그날이 되어 선생님과 저와 그 여전도사님이 그 댁을 방문하게 되었습니다.

가서 보니 고넬료가 자기 가족은 물론 친척과 가까운 친구들이 모여서 베드로 사도를 기다린 것과 같이 민 집사님 가족은 물론 친척들과 친지들 십여 명이 모여서 기다리고 있었고, 우리를 반갑게 맞아 주었습니다. 함께 예배를 드리는데 민 집사님은 여전히 일어나지 못하고 누워 있었습니다. 선생님께서 그날 예배를 인도하시는데, 찬송을 한 장 부르시고 기도하신 후 말씀을 전하셨습니다. 말씀은 이사야 60장 1절의 "일어나라 빛을 발하라 이는 네 빛이 이르렀고 여호와의 영광이 네 위에 임하였음이니라"였습니다. 그리고 설교를 하셨는데, 설교는 3분 정도로 짧았습니다. 설교 말씀의 핵심은 지금 이때는 병든 자도 일어나서 일할 때라는 것이었습니다. 그런데 설교 도중에 민 집사님이 스스로 일어나 무릎을 꿇고 땀을 흘리며 머리를 만지면서 예배를 마치게 되었고, 그 후에는 깨끗이 치유된 사람처럼 활동하는 것이었습니다.

예배를 드린 다음 그날 예배에 참석한 분들의 신분을 알고 보니 저명한 분들이었습니다. 민 집사님 남편은 영등포 큰 회사의 사장이었고, 언니 내외분이 참석하셨는데 군 장성 출신으로 대만 대사였습니다. 그리고 다른 참석자들은 당시 대한청년당 총재이신 박대완 씨와 조직 부장이신 유세림 씨, 또 한 분은 현직 군 소장인 고원증 씨였습니다. 그런데 선생님께서는 건너편 방으로 박대완 총재와 김홍일 대사 두 분을 따로 모시고 10분 정도 대담을 나누셨습니다. 그러고 나서 함께 점심 대접을 잘 받고 나오는데 민 집사님은 대문까지 따라 나와 우리에게 감사하다면서 전송하였습니다.

그 집에서 나와 가까운 남산을 산책할 때였습니다. 선생님께서 저더러 말조심하라고 하셨습니다. 그 당시는 말조심하라는 말씀의 의미를 알지 못했으나 후에 알게 되었습니다. 그 해는 박정희 장군이 5·16 혁명을 일으킨 해였고, 우리가 민 집사님을 방문한 때는 3월 말쯤으로 기억됩니다. 민 집사님이 병으로 쓰러지게 된 것은 그분만의 근심과 번민으로 인함이었습니다. 병원에 가서 진찰을 해도 아무 병이 없는데 근심과 번민이 심하여 쓰러져 누워 있었던 것입니다. 민 집사님도 대한청년당의 열심 당원이었는데, 이 당이 중심이 되어 민간단체로서 이승만 정권 말엽부터 혁명을 거사하려고 준비해 왔으나 거사하지 못했습니다. 4·19 이후 윤보선 대통령과 장면 총리 때에 이르러서 거사 날짜를 4·19 기념식전으로 정해 혁명을 거사하려는 때에 선생님과 저를 만나게 되었던 것이었습니다. 이분들의 혁명은 완전한 사회주의 건국이었습니다. 거사에 성공하면 교회는 몰수해서 공장과 복지 시절로 이용하겠다는 내용이 혁명 성공 시 공약 정책 중의 하나였기 때문에, 민 집사

▲ 김형태 목사님과 함께
(왼쪽부터 필자, 김형태 목사님)

는 교인으로서 그 내용을 알게 되어 하나님 앞에서 죄책감으로 근심하고 번민하지 않을 수 없게 되었고 결국 병이 되어 쓰러졌던 것입니다.

저는 영안이 어두워 그런 깊은 사정을 알지 못했지만, 선생님은 그 비밀을 영분별의 은사로 아시고·박대완 총재와 김홍일 대만 대사와 함께 건넌방에서 대화를 나눌 때 말씀하시기를 혁명을 거사하려고 하지만 하나님이 허락하지 않으시면 성공하지 못한다

▲ 김형태 목사님, 고용일 목사님과 함께
(왼쪽부터 필자, 김형태 목사님, 고용일 목사님)

고 하시면서 각별히 조심하라고 권고하셨다는 것입니다. 그들은
일급비밀을 어떻게 알게 되었을까 염려하면서 총재 박대완 씨가
조직 부장이신 유세림 씨에게 조직 관리를 어떻게 하였기에 비밀이
누설되었는가 묻게 되었고 선생님을 정보원이라고 오해도 하였습
니다. 유세림 씨는 선생님을 다방으로 초청하여 탐색해 보고 정보원
이면 살해하려고 계획까지 세웠으나 선생님께서는 그런 생각까지
분별하셨습니다. 다방에서 두 분만 만났을 때 유 선생께서는 당
조직 부장으로서 총재이신 박대완 씨가 죽게 될 일이 생기면 대신
죽을 수 있습니까 하고 물었고, 그때 유세림 씨는 예, 대신 죽을
수 있습니다라고 대답하였다는 것입니다. 그 후 그분들은 선생님이

정보원이 아니라 하나님이 선지자로 만나게 하여 주신 분으로 인식하고 자기들이 혁명 거사를 위해 계획하고 추진하는 모든 비밀을 고하고 지도를 요청하게 되었습니다. 선생님은 국가를 위해 그들을 살펴 주시게 되었습니다. 저는 선생님의 지시로 민 집사님과 박대완 씨 부인 두 분을 모시고 천호동에 있는 시골 교회로 가 피난 생활을 하기도 하였습니다.

　그들은 4·19 혁명 기념식전에 거사하려고 하였으나 선생님께서는 그들에게 지금 정부 당국이 그 비밀을 70% 이상 알고 있으니 혹시 혁명에 실패하고 감옥에 갈지라도 예수 잘 믿고 하나님을 의지하며 성경 많이 읽으시라고 권면하셨습니다. 그렇게 권면한 것은 그분들이 무신론자였기 때문입니다. 그리고 지금 군인들이 혁명하려는 세력들이 있어 그분들이 거사에 성공하면 석방해 줄 거라고 예언까지 하셨는데, 4·19 전에 박대완 씨, 유세림 씨를 비롯하여 다섯 분이 붙들려 감옥에 들어갔습니다. 선생님은 감옥에 몇 차례 방문하여 성경도 넣어드리고 그들이 좋은 그리스도인들이 되기를 기도하였습니다. 저는 선생님께서 시키는 대로 순종하며 지냈는데, 천호동에서 피난해 있는 중에 5월 15일, 선생님 댁에서 하룻밤 자고 일어나 보니 5·16 군사 혁명이 일어나 있었습니다. 군사 정부에서 최고회의 제1호의 결의로 재판 중에 사형을 선고받아 죽을 수밖에 없는 그들이 석방되었고, 그 후 유세림 씨는 목사가 되었고, 그 동료들 중에도 목사가 되어 헌신하신 분들이 계십니다.

16. 목회생활 1

저는 삼각산 임마누엘수도원에서 3개월 동안 은혜 받으며 봉사한 일이 있었습니다. 훌륭한 목사님들이 부흥회를 인도하면 은혜를 받을 뿐만 아니라 수도원 방마다 따뜻하게 주무시며 역사하시도록 강사님은 물론 은혜 받기 위해 오신 분들이 유하는 방들마다 따뜻하게 불도 때주고 궂은일도 하였습니다. 당시 성결교회 유명한 부흥목사이신 이성봉 목사님이 수도원에 계시면서 집회를 다니셨는데, 차 타시는 데까지 가방도 들어다 주곤 하였습니다.

어느 날 이성봉 목사님께서 성결교 신학대학에서 공부하고 성결교회 목사가 되라는 권면을 해주셨습니다. 그래서 편입 시험을 보고 면접을 할 때였습니다. 저의 학력을 묻고 하시는 말씀이 순복음 신학을 했으면 방언하겠구먼, 방언합니까 하고 묻는데 대답을 못하고 주저하고 있으니까 방언해요 안 해요 되풀이 물었습니다. 그런데 하나님이 십자가를 통해서 약속하신 성령으로 충만하여 주신 선물을 부인할 수도 시인할 수도 없었습니다. 시인하면 합격시켜 주지 않을 것 같고, 부인하면 성령을 근심케 하고 저를 버리면 어떻게 하나 염려도 되고 해서 대답하기를 학교에 입학시켜 주시면 공부 열심히 하겠습니다라고 하였습니다. 저는 입학은 틀렸구나 하였으나 3학년으로 편입이 되었습니다.

그 무렵 김형태 목사님께서는 충남 천안 성결교회를 시작으로 전도의 문이 열려 한 주도 쉬지 못하고 계속 집회를 인도하셨는데, 특히 성결교회를 많이 다니시며 역사할 때였습니다. 삽교 성결교회

▲ 금산교회 위임식 때의 예배위원과 장로님들

에서 부흥회를 인도할 때 저도 참석하였습니다. 그 교회 목사님은 지금 서울신학대학교 총장의 아버지 되시는 노찬호 목사님이셨습니다. 선생님께서 노 목사님께 성결교 신학교에서 지금 공부하고 있는 이형구 전도사님이신데 교회 소개할 곳이 있으면 목회하면서 공부할 수 있게 하여 주시면 감사하겠다고 부탁하셨습니다. 노 목사님께서 전동교회를 소개해 주셔서 교회를 섬기면서 졸업을 할 수 있었습니다.

그 후 대전 지방에 속한 동면교회에서 청빙하여 주셔서 그 교회에서 목사 안수를 받았습니다. 안수 받은 후 김형태 목사님을 모시고 부흥회를 하게 되었습니다. 부흥회 인도하시는 중에 저에게 귀한 말씀을 해 주셨습니다. 이 목사는 도시의 큰 교회에서 목회하

▲ 평택교회 부흥회 때 이병돈 목사님과 함께

고 싶은 마음이 있는 것 같은데, 그렇게 하려면 이제부터는 설교를
준비할 때 25분에서 30분 정도 할 수 있는 말씀을 원고에 써서
낭독 설교를 하라는 것이었습니다. 처음에는 어색하고 신자들이
무식해서 설교를 써서 읽어준다고 오해할 자가 있을 수 있지만,
계속하면 원고에 매이지 않고 잘 할 수 있게 된다고 하셨습니다.
그때부터 주일 낮 예배는 물론 주일 밤 예배나 수요 예배 그리고
새벽 예배까지 열심히 원고 설교를 준비하고 노력하였더니 확실히
말씀을 풍성하고 힘 있게 실수 없이 할 수 있었습니다.

그 후 저는 금산교회, 평택교회, 대전 인동교회, 대전 제일교회,

강릉교회의 다섯 교회를 섬겼는데, 모든 교회들이 역사가 오래된 교회들이었고 비교적 그 지방에서는 대형 교회로 성결 교단에서는 잘 알려져 있었습니다. 제가 성결교회에서 목회자로 헌신한 햇수는 43년으로, 강릉 교회에서 20년의 헌신을 끝으로 70세 정년이 되어 원로목사로 추대 받고 은퇴한 후 대전으로 이사와 거하고 있습니다.

동면교회에서 목회하다가 금산교회에 청빙으로 부임하여 1개월쯤 되었을 때였습니다. 당시 금산 교육장으로 근무하고 계시던 문재천 씨가 당회장실로 찾아와 저와 대담 중에 말씀하시기를 "목사님, 이제는 전도하고 싶은 용기를 갖게 되었습니다. 왜냐하면 이전의 목사님은 설교하실 때 충실히 원고를 준비하지 않고 하시기 때문에 듣기 거북하여 전도하라 하시지만 용기가 나지 않았습니다. 그런데 목사님은 원고를 잘 준비하여 설교하시기 때문에 전도하라고 권고하지 않아도 스스로 전도할 용기가 납니다"고 하였습니다. 그분의 부인은 김민경 권사였습니다. 그 후 그분들뿐만 아니라 온 교회가 전도에 힘써 금산읍에서 제일 많이 모이는 교회로 성장하게 되었습니다.

17. 목회생활 2

저는 성결교회에서 43년 동안 목회할 때 비교적 역사가 있고 당회가 조직되어 있는, 소속 지방회에서는 대형 교회로 인정받는 금산교회, 평택교회, 대전 인동교회, 대전 제일교회 그리고 강릉교회를 섬겼고, 강릉교회를 20년 시무하고 원로목사로 추대 받아 은퇴하였습니다. 저는 교회를 옮길 때 한 번도 교회의 배척을 받거나 스스로 옮기고 싶어서 자의적으로 한 적은 없었습니다. 그때마다 저는, 마치 바울이 2차 전도 여행 시 아시아 방면으로 가려 하였으나 예수의 영이 허락하지 아니할 뿐만 아니라 밤에 환상 중에 마케도니아 사람 하나가 서서 그에게 청하여 이르되 마케도니아로 건너와서 우리를 도우라 하였을 때 순종했던 것과 같이, 항상 환상과 계시가 쌍방에 있을 뿐 아니라 제 안에 계신 성령께서 강하게 역사하시는 것에 순종하였던 것입니다.

　제가 대전 제일교회에서 강릉교회로 옮겼을 때의 성령의 역사를 대표적으로 소개하면 확실히 하나님 뜻으로 전임하였다는 것을 알 수 있습니다. 어느 날 서울 은평교회에서 목회하고 계시던 절친한 친구 이병돈 목사님에게서 전화가 왔는데, 저에게 이 목사, 강릉교회가 공석으로 있는데, 그 교회 장로님께서 좋은 목사님을 소개하여 달라고 부탁해서 대전 제일교회 이형구 목사님을 청빙하라고 했다는 것입니다. 저는 전화를 통해 부탁할 때, 친구야, 서울의 교회라면 모르지만 강원도 감자바위라고 하는 깊은 산골로 소개하였느냐고 하면서 완강히 거부하였습니다. 그러나 그분이 다시 말하기를 서울에서 목회하는 것이 얼마나 고단한지 자기도 때로는 지방으로 내려가고픈 충동을 느낄 때가 많다고 하면서 강릉교회는 영동 지방에서 제일 먼저 세워진 모체 교회이고 역사가 있는 교회이니 그 지방에서 여러 교회들을 보살피면서 목회하면 좋겠다는 것이었습니다.

이와 같은 권면을 받았지만 저는 여전히 거절하였는데, 그 다음 주일이었습니다. 당시 대전 제일교회는 주일 낮 예배를 1부 예배와 2부 예배로 각각 9시와 11시에 드리고 있었습니다. 예배를 마친 후 집에서 점심을 먹고 있을 때 전화가 왔습니다. 강릉교회 장로라고 하시면서 교회 옆에 다방에 있으니 뵙고 가겠다는 것이었습니다. 당시는 교통도 불편할 때인데 멀리에서 오신 장로님의 요청에 냉정하게 대할 수 없어 다방에 들렀습니다. 김원식 장로님과 장경순 장로님 두 분이 반갑게 인사를 하셨습니다. 두 분은 서울의 이병돈 목사님의 소개를 받고 목사님 찾아뵙게 되었다고 하시면서 강릉교회의 역사와 형편을 상세히 들려주셨습니다. 그러고는 저를 청빙하겠다고 하시면서 허락해 달라고 하셨지만 끝까지 사양하였습니다. 그러나 헤어지면서 두 분은 저희들은 목사님이 저희 교회로 오실 것을 믿습니다, 믿습니다를 되풀이 하시면서 돌아가셨습니다.

저는 강릉교회로 옮기고자 하는 마음이 전혀 없었습니다. 그런데 주일날 밤 꿈속에서 너무나도 확실하게 강원도 강릉교회라면서 2층으로 된 예배당과 제가 그 교회에서 취임식을 하는 것을 보여주시는데, 제가 선물도 받고 꽃다발을 받을 때 온 교회 성도들이 보내주는 박수 소리에 꿈에서 깨어났습니다. 그러나 저는 대전에서 계속 목회하겠다는 생각만 했습니다. 그런데 다시 월요일 밤에 꿈을 보여주셨습니다. 제가 대전 제일교회를 사임하고 강릉교회로 부임하게 되어 교회 성도들의 교적부를 정리하고 회계 장부도 깨끗이 정리하는 꿈이었는데, 당회장 도장을 꾹 찍으면서 꿈에서 깨어났습니다. 한 번도 아니고 두 번씩이나 같은 의미의 현몽으로 인해 이 일이 하나님의 뜻인가 하는 생각을 하였으나 여전히 가고 싶은 마음은 없었습니다. 그런데 수요일 새벽 예배를 인도하기 위하여 저의 처와 함께 주택에서 200m쯤 되는 교회를 향하여 가는 길에서 처가 이렇게 말하는 것이었습니다. 여보, 나 어젯밤에 이상한 꿈을 꾸었는데, 우리 가정이 짐을 꾸려 이사하더라는 것이었습니다. 그리고 그날 수요 예배를 드리고 집에 돌아와 있을 때 전화 벨소리에 수화기를 들었더니 강릉교회 치리 목사님이었습니다. 목사님은 오늘 밤 예배 후 당회에서 만장일치로 목사님을 청빙하기로 결정하였다며 내약을 요청하였습니다. 제가 대답을 확실하게 하지 못하자 그러면 내약한 줄로 믿고 당회에서 결의하여 청빙 절차를 추진하겠다고 하였습니다. 그 후 사무총회와 지방회 인사부 회의를 통해 결국 청빙서를 받고서 하나님의 뜻이라 믿고 강릉교회에 부임하였습니다.

부임 후 첫 번째 금요 철야 예배를 인도하는데, 그 당시 대부분의 교회는 금요 철야 예배를 밤 11시에 시작하여 토요일 새벽 4시까지 1부 예배와 2부 예배로 나누어 드렸습니다. 11시에 시작하여 이튿날 1시까지 하고, 커피타임으로 1시간 정도 성도들 간에 교제하는 시간을 가진 다음, 2시에 시작하여 4시 정도에서 마치는 방식이었습니다. 그런데 1부 예배를 마치고 커피타임 시간에 장경순 장로님께서 목사님, 2부 예배 시간에 제게 간증할 시간을 주시면 온 교회에 목사님을 모셔오게 된 이야기를 조금 했으면 하는데 어떻겠습니까 하시기에 시간을 드렸습니다.

장로님의 간증에 따르면, 저를 청빙하기 위해 당시 초등학교

▲ 강릉교회 창립 70주년 기념예배 때

교장이신 김원식 장로님과 한의사이신 장경순 장로님 두 분께서
토요일 강릉에서 대전으로 오셔서 제가 시무하고 있는 교회 옆에
있는 여관에서 주무셨습니다. 그런데 장로님 역시 꿈을 꾸게 되었는
데, 교회 제직 20여 명이 둘러앉아 큰 수박을 가운데 놓고 잘라서
나누어 먹으려고 하는 광경을 보게 되었다는 것입니다. 그 수박을
장로님이 탐이 나 갖고 싶어서 여러분들에게 말씀드립니다, 그
수박을 저에게 주십시오, 그러면 감사하겠습니다 할 때, 한 분이
한참 수박을 쳐다보더니 예, 가지고 가십시오 하면서 수박을 주시기
에 감사하는 마음으로 수박을 안고서 꿈을 깼다는 것이었습니다.

▲ 강릉교회 전경

꿈에서 깨어난 장로님은 옆에서 주무시고 계신 장로님을 깨워 꿈 이야기를 하시고 이번에는 꼭 목사님을 모시게 될 것 같다고 하면서 새벽 예배 시간까지 뜬눈으로 이야기를 나누셨다고 합니다. 그러고는 제가 시무하는 제일교회에 찾아오셔서 새벽 예배에 참석하셨는데, 새벽 예배를 인도하기 위해 강단에 선 저의 얼굴이 마치 수박처럼 둥글게 보였답니다. 그래서 장로님은 마음속으로 모시게 될 것을 확신했고 이렇게 모시게 되었다고 하셨습니다. 장로님의 간증에 온 교회가 크게 웃었고 할렐루야를 외친 분도 있었습니다.

그러니까 주님께서 저 한 사람 목사의 인사 문제를 위하여 토요일 밤에는 장경순 장로님께 꿈을 꾸게 하시고, 주일 밤과 월요일 밤에는 저로 하여금 강릉교회에 취임하는 꿈과 대전 제일교회를 깨끗이 정리하는 꿈을 꾸게 하셨고, 화요일 밤에는 저의 아내에게 이사하는 꿈을 꾸게 하셔서 인도해 주셨던 것입니다. 저는 그렇게 믿고 착하고 충성된 종으로 헌신하고자 하였던 것입니다.

목사 안수 받은 후 다섯 교회를 옮겨 다녔지만, 이와 비슷한 성령의 역사함으로 인도 받아서인지 교회마다 양적으로 질적으로 부흥과 발전에 도움 되는 목회를 하였지 한 교회도 상처를 주거나 손해를 끼치는 일은 없었습니다.

18. 기도 응답과 수양관

제가 강릉교회에 부임하여 목회할 때 서울과 대전 또는 여러 지방에 계신 교회 목사님들께서 부탁하신 말씀은 특히 하계 수양 철이면 청년 수양회나 주일학교 교사 수양회를 강릉교회에서 했으면 해서 3일에서 5일간만 강릉교회를 사용할 수 있게 하여주시면 감사하겠다는 것이었습니다. 강릉교회에서 할 수 없다면 주변 시골 교회도 좋으니 소개해 달라고도 하셨습니다. 그런 부탁을 자주 받고 보니 저의 마음에 기도 제목이 떠올랐습니다. 영동 해변에 수양관이 필요하다는 것이었습니다. 그때부터 주님, 수양관을 건립하게 하여 주십시오 하는 기도를 새벽마다 자주 하였습니다.

어느 날 어느 분이 당회장실 문을 노크하였습니다. 누구십니까, 들어오십시오 하고 문을 열어 드렸더니 이진영 집사님이었습니다. 저희 교회에 출석하여 등록한 지 3개월쯤 되는 분이었습니다. 그런데 집사님과 말씀을 나누는 중에 반갑게도 자기에게 땅이 있는데 교회에 바치고 싶은 마음이 있어 저를 찾아 왔다고 하는 것이었습니다. 제가 마음속으로 얼마나 기뻐하였겠습니까? 주님께서 응답하셨구나 하는 생각이 들었습니다. 그래서 제가 집사님, 감사합니다, 제가 수양관을 건립할 수 있게 기도하는 중이었습니다 하였더니, 저와 같이 땅을 보러 가자는 것이었습니다.

둘이서 함께 경포에서 바다 편 길을 쭉 따라 올라가면 사천이라는 동네가 나옵니다. 그 동네 뒤편 현장에 가서 말씀하시는데 몇 년에 걸쳐 매수한 땅으로 4,500평이라고 하시면서 쓸 만한 땅입니까 물었습니다. 양편으로 작은 산이 있고 가운데 위치한 바다가 500m쯤 떨어져 있었습니다. 계곡이 없어 기도원으로는 적합하지 않지만 수양관으로는 적지 같습니다, 주신다면 수양관을 건립하여 요긴하게 쓰겠습니다라고 말씀드렸습니다. 이 집사님은 목사님, 이 땅을 드리면 어떻게 관리하시겠습니까? 하고 물었습니다. 제가 즉시 대답하기를 우리 기독교대한성결교회 유지 재단에

▲ 진리수양관 전경

넣어서 우리 교단 재산으로 관리해야지요라고 말씀드렸더니, 이 집사님은 손바닥을 치면서 이제 참 주인을 만난 것 같습니다, 제가 4, 5개월 전 강릉의 어느 교회에 등록하고 몇 개월이 지난 뒤 그 목사님과 이곳에 와서 땅을 바치면 어떻게 관리하겠습니까 여쭈었더니 자기 이름으로 등기해 주시면 적당히 사용하겠다고 하여 저희 교회로 오게 되었으며, 목사님은 주님과 교회를 위해서 탐심 없이 말씀하시니 제대로 임자를 만났습니다라고 하시는 것이었습니다. 다음날 집사님은 땅 문서를 전부 가지고 왔고, 재단 가입에 필요한 인감 등을 마련하여 주셨습니다. 저는 너무나 감사하다는 인사를 드리고 바로 교회 앞에 광고도 하였습니다. 그리고 혹 마음이 변할 수 있을까 하는 염려도 되기도 하여 곧바로 서울에 있는 총회 본부 재단법인에 등기할 수 있도록 조치하였습니다. 그 후 강릉성결교회에서 온 성도들이 힘을 모아 수양관을 건립하게 되었고 지금도 요긴하게 수양관으로 사용하고 있습니다.

2015년도였습니다. 대전 장춘봉 목사님이 시무하는 교회에서 침례교회 소속 목사님 세 분과 사모님들을 모시고 일 년 동안의 요한계시록 공부를 마친 기념으로 1박 2일 일정으로 강릉성결교회와 수양관을 방문하였습니다. 목사님들과 사모님들 모두 수양관을 보시고 칭송하였고 저도 감회가 새로웠습니다.

19. 방송 선교

영동 지방에 기독교 방송국이 한 곳도 없을 때 강릉시 기독교 연합회에 소속된 뜻 있는 목사님들이 방송국을 설립하자는 데 합의를 보고 기독교 방송국 설립 추진 위원회를 조직하였습니다. 추진 위원장에는 감리교회 이동연 목사님이, 저는 부위원장으로 선임되었습니다. 당시는 기독교 방송국으로 CBS 방송국과 극동 방송국 두 곳이 있을 때였습니다. 의논 끝에 CBS 방송국을 유치하기로 합의를 보았습니다. 당시 CBS의 사장은 권호경 목사님이셨고, 이사장은 홍용은 목사님이셨습니다. 강릉시에서는 방송국 설립을 환영하였고 적극 협력하기로 하였습니다. 그런데 그렇게 추진해 가는 중에 추진 위원장이신 이동연 목사님께서 교회를 사임하시고 타 지방으로 떠나시게 되었고, 제가 추진 위원장으로 추대 받아 앞장서서 노력할 수밖에 없는 처지가 되었습니다.

당시 방송국을 세우기 위해서는 15억 정도의 기금이 필요하였습니다. 초교파적으로 영동 지방에 있는 교회들을 방문하여 모금을 해야만 했습니다. 추진 위원장으로서 저희 교회가 앞장서서 기금 마련을 위해 헌금을 해야만 했습니다. 당회에서 장로님들과 의논하여 1억을 바치고자 할 때에 모두가 감사하게도 기쁘게 결정해 주셨습니다. 그렇게 모범을 보여드리고 영동 지방 많은 교회들을 방문하여 모금을 위해 노력하게 되었습니다. 장로교 목사님이신 권호경 사장과 감리교 목사님이신 홍용은 이사장과 성결교 목사님이신 재무 담당 이사 황대식 목사님 세 분이 매주 영동 지방 여러 교회들을 저와 같이 방문하여 기금 마련에 힘썼습니다.

10억 정도의 기금이 마련되었으나 5억 정도를 더 마련해야 하는데 더 이상 확보할 수 없었습니다. 이 문제를 가지고 하나님께 기도할 수밖에 없어서 매일같이 기도하던 중 저에게 감동을 주셔서 용기를 내 찾아간 곳은 강릉시에서 국회의원을 지내고 재선하지 못한 채 정치에 뜻을 두고 지내고 있던 황학수 전 의원의 사무실이었습니다. 황학수 전 의원은 당시 감리교 집사님이었습니다. 영동 방송국 설립 추진에 관한 사정은 그분도 어느 정도 알고 계셨습니다. 저는 황 집사님께 자세한 사정을 말씀드리고 황 집사님이 이 일에 사명감을 가지고 추진하시면 잘 될 것 같아 찾아뵙게 되었다고 하였습니다. 방송국이 설립되면 집사님을 이사장으로 모시겠다, 5억만 모금하여 주시고 함께 방송 선교를 합시다 하고 권고할 때 황 집사님은 쾌히 수락해 주셨습니다. 그렇게 해서 우리는 그 후 CBS 영동방송국 창립 예배를 성대하게 드리게 되었고 방송을 통해 영동 지방에 널리 선교할 수 있게 되었습니다. 거기에다가 지형적으로 전파가 북한까지 송출되어 CBS 영동방송국이 북한 선교에도 도움을 주고 있어 우리 모두는 하나님께 감사와 찬송을 드리게 되었습니다.

20. 아름다운 목회 은퇴

강릉교회에서 목회한 지 20년이 되는 해가 정년퇴임하는 인생 70년이 되어 원로목사 추대와 더불어 퇴임 예배를 드렸습니다.

퇴임하기 3년 전에 장로님 몇 분과 함께 추계 대심방을 할 때였습니다. 그 당시는 교회마다 봄철과 가을철 두 번에 걸쳐 가정마다 심방 예배를 드렸습니다. 강릉교회는 교회가 부흥하여 집집마다 심방할 수 없었기 때문에 구역별로 연합 예배를 드리고 있었습니다. 예배 후 선임 장로님께서 저에게 목사님 정년 은퇴하시면 강릉에서 사시겠습니까 아니면 대전에서 사시겠습니까 하고 물어 오셨습니다. 그 물음에 대답을 못하고 웃기만 하다가 결국 강릉에서 살아야지요 하고 말씀드렸습니다. 그런데 그로부터 2개월쯤 지난 후에 장로님께서 당회실로 오셔서 제가 장로님들을 대표해 와서 말씀드립니다, 목사님께서 은퇴 후에 강릉에서 사신다고 하셔서 교동 택지 지구에 현대아파트 36평 되는 집을 마련했습니다, 목사님 이름으로 등기까지 하였으니 이번 주부터 그곳 새

집에서 사십시오 하시고는 등기 문서까지 주셨습니다. 생각지도 못하고 바라지도 않고 아직도 은퇴 시간이 3년이나 남았는데, 저도 모르게 장로님들께서 함께 의논하여 새 집을 마련하여 주신 것을 생각하니 감사하는 마음과 남은 3년 동안 더욱 열심히 교회를 위해 착하고 충성되게 헌신하겠다고 굳은 마음으로 다짐하였습니다.

은퇴가 반년쯤 남았는데 저에게 욕망의 시험이 다가왔습니다. 그것은 교회 세습 문제였습니다. 저의 자식 3형제 가운데 첫째와 셋째 아들이 목사인데, 첫째가 군목 생활을 마치고 제대한 후여서 장로님들에게 부탁하여 제 뒤를 이어 강릉교회를 섬기면 좋겠다는 것이었습니다. 그러나 기도하고 깊이 생각해 보니 교회의 인사 문제는 오른손에 일곱별을 붙잡으시고 일곱 금 촛대 사이에 다니시는 예수님께서 주관하심을 믿게 되어 그 욕망을 접게 되었습니다. 저는 후임자에 관해서는 일절 간섭하지 않았고 청빙 위원회를 구성할 때도 장로님들에게 일임하였습니다.

21. 은퇴와 사명

교회 헌법에 따라 은퇴하고 보니 친구들이 권고하는 말이 그동안 목회하느라 수고 많이 하였으니 이제는 세계 도처에 여행이나 하면서 마음껏 즐기라는 것이었습니다. 그러나 은퇴하고 보니 저에게 있어서는 하나님께로부터 받은 사명을 죽을 때까지 가지고 살아야 한다는 마음이 가득하였습니다. 강릉에 수양관을 건립하였으니 수양관에서 계속해서 주의 일을 했으면 하는 마음도 있었고, CBS 방송국 이사로서 방송 선교에 힘을 보태며 살까 하는 것 등 몇 가지 생각이 있었습니다. 하지만 후임자가 원로목사로 인해 자기 마음껏 소신대로 하지 못하는 경우들을 많이 보아왔던 까닭에 후임자로 하여금 능력껏 자유롭게 역사하도록 하는 것이 옳은 처신이 아니겠는가 싶었습니다. 그래서 대전으로 이사해서 임마누엘기도원을 설립하게 되었습니다. 남은 생을 기도원을 중심으로 나라와 민족을 위해 기도하고 약한 자, 병든 자, 환난 당한 자들을 돌보면서 한 영혼이라도 구원하며 보람 있게 사명을 위해 살고 싶어서였습니다.

지금도 대전 제일성결교회와 유성 유일성결교회에서 목사님이 해외 선교로 인해서나 이런저런 형편에 따라 주일에 강단을 지키지 못할 때에는 저에게 일을 맡겨 주시는 경우가 있습니다. 그럴 때마다 사양치 않고 헌신하고 있습니다. 그뿐만 아니라 특히 일 년 중 봄, 여름, 가을 삼차에 걸쳐 성산수도원 사명자 성회를 인도하셨던 강사 김형태 목사님을 통해 말씀과 은혜를 많이 받았으나, 그 가운데서도 종말에 관한 예언의 말씀을 확실히 깨달은 것을 나 혼자만 알고 지낼 수 없어 저의 임마누엘기도원에서 그 말씀을 중심으로 역사하고 있습니다. 또한 대전 시내의 많은 목사님들이 초교파적으로 모여 예언의 말씀을 증거할 수 있는 기회를 여러 곳에 마련하여 주셔서 지금도 계속 일할 수 있는 사명자로 사용하여 주시는 주님께 감사하고 있습니다.

22. 한국 교회 부흥을 위한 헌신

(1) 신학생으로 인도한 첫 부흥회

전동교회에 전도사로 부임하여 열심히 교회를 섬기면서 성결교회 목사로 헌신하기로 작정하고 성결교 신학교 3학년으로 편입하여 공부할 때였습니다. 그때 전동교회는 비록 작은 교회요 농촌에 소재하고 있었으나 데살로니가 교회의 믿음의 소문이 각처에 퍼졌던 것처럼 신령한 교회요 날로 부흥하여 여러 가지 은사가 나타나고 있다는 소문이 지방회 여러 교회뿐만 아니라 초교파적으로 알려져 칭송도 받고 혹은 비판도 받고 있었습니다.

하루는 월요일 11시쯤 되었는데, 천안성결교회 장로님이 저를 찾아와 하시는 말씀이 담임목사 강개헌 목사님께서 저를 모시고 오라 해서 왔다며 빨리 서둘러 차를 타라고 하셨습니다. 어르신 목사님께서 오라고 하셨으니 순종하며 따라갈 수밖에 없었습니다. 목사님 댁에 가서 어떤 일로 저를 오라고 하셨는지 물었습니다. 부르신 까닭은 정읍성결교회 이계섭 목사님과 사모님이 오셔서 영분별을 부탁하고 계시기 때문이라고 하셨습니다. 당시 천안성결교회는 김형태 목사님을 모시고 부흥회를 자주 하셨는데, 사모님께서 신령하여 영분별을 잘 하신다는 소문이 널리 알려져 있었습니다. 그런데 정읍에서 오신 목사님 내외분이 영적 문제로 찾아 왔는데, 이계섭 목사님이 말씀하시기를 사모님이 부흥회에 참석하여 은혜를 받고 왔다고 하는데 마귀의 영을 받고 왔다는 것이고, 사모님은 내가 마귀의 영을 받은 것이 아니라 성령을 받았다고 하여 목사님 내외분이 이 문제로 다투다가 그러면 천안에 있는 목사님 사모님이 영분별을 잘 하신다니 가서 알아보자고 하여 오셨다는 것이었습니다. 영분별을 하려고 사모님께서 알아보니 목사님 말씀을 들으면 사모님이 마귀의 영을 받은 것 같고, 사모님 말씀을 들어보면 성령을 받은 것 같고 해서 이형구 전도사님께서 영분별을 잘 할 것이니 모셔오라고 했다는 것이었습니다.

그 자리에는 일곱 분이 한 방에 앉아서 저를 기다리고 있었습니다. 저는 이계섭 목사님과 사모님을 전혀 알지 못했습니다. 저에게 영분별을 부탁하시는데 저도 모르게 입에서 나오는 말이 사모님, 성령 받았습니다 할 때에 사모님이 두 손을 번쩍 들고서 할렐루야 하는 것이었습니다. 그때에 이계섭 목사님께서 저를 향하여 전도사님, 저 좀 봅시다 하며 건넌방으로 이끌어 가서 사모님에 관하여 말씀하셨습니다. 목사님 말씀은 사모님께서 어느 부흥회에 참석하여 은혜 받고 왔다고 하는데 모든 행동이 이해가 안 된다는 것이었습니다. 내용인즉, 사모님께서 밤에 같이 주무시다가도 갑자기 밖에서 누가 부른 것인지 예라고 대답하고 이불을 박차고 나가 교회에서 알아들을 수도 없는 방언을 하며 진동하는 등, 전에 보지 못한 일을 하는 것을 볼 때 걱정이 되었다는 것입니다. 어느 날 밤에는 갑자기 또 예하고 일어나더니 이번에는 교회로 가서 기도하는 것이 아니라 정읍 거리를 거닐면서 손을 들고 방언을 하고 남산을 향하여 올라가더라는 겁니다. 목사님이 뒤따라가며 몰래 보니 동쪽을 향하여 얼굴이 땅에 닿도록 큰 절을 세 번이나 하면서 방언을 하는데, 두렵고 걱정까지 되는 것은 정읍 앞산에 있는 남산은 일제 강점기 신사터요, 동방을 향하여 일본 황제나 신사를 섬기는 곳이었다면서 이런 것도 성령을 받은 사람의 소행이겠는가 하시면서 마귀 역사라는 것이었습니다.

이렇게 저에게 원망하듯이 말씀하셨는데, 그때에 성령께서 순간적으로 성경 말씀을 기억하게 해주셔서 오해를 해소하는 데 도움이 되었습니다. 제가 드린 말씀은 다음과 같았습니다. 목사님, 예수님께서 성령을 언제 받으셨습니까? 마태복음 3장에서 세례 요한을 통하여 요단강에서 예수님이 세례를 받으시고 곧 물에서 올라오실 새 하늘이 열리고 하나님의 성령이 비둘기같이 내려 임하심을 보셨고, 하늘에서 음성이 들리기를 이는 내 사랑하는 아들이요 내가 기뻐하는 자라 하지 않았습니까? 그 후 마태복음 4장을 보면 성령 받으신 예수님께서 마귀에게 시험을 광야에서 받았습니다. 마귀가 뭐라고 시험했습니까? 네가 만일 하나님의 아들이어든 돌을 명하여 떡이 되게 하라, 혹은 성전 꼭대기에 예수님을 세우고 뛰어내리라, 또는 높은 산으로 가서 천하만국과 그 영광을 보여 이르되 만일 내게 엎드려 경배하면 이 모든 것을 네게 주리라 할 때 예수님께서 어떻게 그 모든 시험을 이기셨습니까? 하나님의 말씀으로 이겼습니다. 기록하였으되 사람이 떡으로만 살 것이 아니요 하나님의 입으로부터 나오는 말씀으로 살 것이라 하였고, 기록하였으되 주 너의 하나님을 시험하지 말라 하였느니라 하셨으며, 사탄아 물러가라 기록되었으되 주 너의 하나님께 경배하고 다만 그를 섬기라 하였지 않았습니까? 예수님은 성령 받으시고 마귀가 시험할 때 말씀이 충만하여 다 물리쳤으나, 목사님 사모님께서도 분명히 성령을 받으셨는데 말씀을 가지고 대결하지 못하고 주를 향한 열심 때문에 그런 부작용이 있었던 것 같습니다. 앞으로 사모님이 말씀 충만하여 받은바 성령의 은혜를 잘 감당하게 되면 목사님 목회와 교회 부흥에 큰 역할을 할 것입니다.

이렇게 말씀드렸더니 목사님께서는 눈을 지그시 감으시고 한참 생각하시더니 전도사님, 감사합니다 하시고 건넌방에 계신 사모님을 향하여 여보, 내가 잘 몰라서 당신 성령 받은 것을 이해하지 못했소, 이제 이해하게 되었소 하시며 돌아가셨습니다. 그 후 사모님은 성경학교에서 공부도 하게 되어 목사님 목회에 큰 힘이 되었습니다. 이 사건으로 인해서 여름 방학 때 저더러 정읍성결교회에서 부흥회를 인도해 주시라는 부탁을 받고 한 주간 힘 있게 역사하여 온 교회에 초대 오순절 교회와 같은 역사가 있었습니다. 그 후 이계섭 목사님도 큰 변화를 받았고, 성령과 권능이 충만하여 한국의 대 부흥사로 크게 쓰임을 받으셨으며, 저는 한 주간 성회를 인도한 사례로 신학교 한 학기 등록금을 주셔서 계속 공부할 수 있었습니다.

(2) 잊을 수 없는 이성봉 목사님의 사랑과 격려

전동교회에서 전도사로 헌신하며 신학 공부하고 있을 때였습니다. 성결 교단뿐 아니라 초교파적으로 존경을 받으며 부흥회를 많이 인도하셨던 이성봉 목사님께서 성결 교단 산하 전체 교회를 한 교회도 빠짐없이 1일 부흥회를 인도하신 적이 있습니다. 목사님께서는 정한 날에 저희 교회를 방문하셔서 저녁 예배와 새벽 예배를 인도하셨습니다. 저녁 예배를 마치고 시골 초가집 한 방에서 같이 잠을 자게 되었는데, 새벽에 기도하시는 음성에 정신을 차려보니 목사님께서 한 손은 이마에 한 손은 가슴에 대시고 저를 위해 안수하시고 축복 기도를 하고 계셨습니다. 저는 조금이라도 더 많이 은혜를 사모하는 마음으로 잠든 모습으로 기도를 받고 일어나 목사님, 안수해 주셔서 감사하다고 말씀드렸습니다. 그리고 새벽 예배 시간이 되어 옷을 입고 200m쯤 떨어져 있는 교회에 갈 시간이 되었을 때였습니다. 옷을 입으시면서 하시는 말씀이 이 전도사, 이건 내가 한 번 입은 내복인데 입으시게, 엘리야는 엘리사에게 겉옷을 주었는데, 나는 내복을 주네라고 하시는 것이었습니다. 그리고 부탁하신 말씀이 엘리사가 엘리야보다 일을 더 많이 하였는데, 이 전도사도 나보다 주를 위해 더 많은 충성을 하라고 하셨습니다. 저는 목사님, 날씨도 추운데 내복을 저에게 주시면 어떻게 합니까 하며 사양했는데, 목사님은 내 가방에 내복이 있다고 하시며 꺼내 입으셨습니다. 함께 교회에 가서 새벽 예배 인도를 하셨는데, 설교 말씀의 내용이 열왕기하 2장의 말씀을 중심으로 한 것이었습니다. 10여 명 정도 모인 교인들을 향해 온 정성과 힘을 다하여 엘리야와 엘리사에 관하여 말씀을 주시는데, 그때 받은 은혜를 잊을 수가 없습니다. 이성봉 목사님은 전국에 있는 성결교회를 한 곳도 빠짐없이 1일 부흥회를 마치신 후 계속 역사하시다가 소천하셨습니다.

(3) 한국 교회 부흥을 위해 헌신

저는 목회하면서 부흥사로 초청을 받아 셀 수 없이 많은 교회를 위해 헌신하였습니다. 부흥회를 인도하며 여러 교회를 인도하게 되니 제 이름이 성결교회의 유명한 부흥사들에게 알려지게 되었습니다. 그때는 초교파적으로 부흥사 연합회가 조직되어 있을 때였습니다. 이미 고인이 되셨습니다만, 대부흥사로 널리 알려진 서울 중앙성결교회 이만신 목사님께서 어느 날 전화를 주셔서 하시는 말씀이 이 목사님이 부흥회를 많이 다니고 교회마다 은혜를 나타내고 있는데 전국 교회 부흥사 연합회에 가입해서 함께 역사하자는 것이었습니다. 사양했지만 강권하심으로 순종하여 부흥사라는 이름을 얻게 되었습니다.

제가 이렇게 인정을 받을 만큼 부흥사로서 일하게 된 것은 저를 전도하여 그리스도인이 되게 하셨고 하나님의 종으로서 사명감을 굳게 하여 주실 뿐만 아니라 지적으로나 영적으로나 인격적으로 항상 관심을 가지고 지도하여 주시며 부흥사로 일할 수 있도록 길을 열어주신 김형태 목사님의 은덕이라고 생각하게 됩니다. 제가 초청받아 부흥회를 인도한 교회들은 대부분이 김형태 목사님께서 먼저 부흥회를 인도하신 곳으로 부흥회를 마친 후 목사님들께서 다음에 부흥회를 할 때에는 강사로 누구를 초청하면 좋겠습니까 하고 묻게 되면 김형태 목사님은 많은 경우 저를 소개하여 주셨습니다. 이렇게 길을 열어주셨기 때문에 저는 여러 교회의 부흥회를 인도하게 되었고, 때로는 저에게 교회를 직접 소개하여 주셔서 인도하게 된 교회도 여러 교회입니다. 교회를 소개하면서 하신 말씀들 가운데 지금도 잊지 않고 기억되는 말씀은 시골 작은 교회나 도시의 대교회나 부흥회를 인도할 때에는 똑같은 마음과 정신을 가지고 정성을 다해서 역사하여야 한다는 것입니다. 조금이라도 차별하지 말고 헌신할 때 하나님이 기뻐하시고 함께 역사하여 주신다는 것을 명심하라는 것이었습니다. 그리고 목사님이 저의 목회 생활과 부흥사로 초청받아 역사할 때 항상 잊지 말고 기억하여야 할 말씀으로 주신 것은 마가복음 16장 20절의 제자들이 나가 두루 전파할 새 주께서 함께 역사하사 그 따르는 표적으로 말씀을 확실히 증언하시니라였습니다. 이 말씀은 저의 목회와 부흥 운동에 언제나 승리의 확신을 주셨습니다. 교회마다 성회에서는 많은 표적을 보고 들을 수 있었으며 동시에 하나님의 말씀이 함께하여 주심으로 부흥하고 성장할 수 있었습니다. 이로 인하여 저는 보람을 느끼며 피곤한 줄 모르고 하나님께 감사와 영광을 돌리면서 기쁨으로 헌신하였습니다.

(4) 안수의 능력

저는 교회 성도들을 위해 또는 부흥회를 인도할 때에는 말씀 중심으로 역사하되 성령이 충만하고 필요한 은사가 나타나 저들로 하여금 믿음과 소망과 사랑이 풍성한 참그리스도인으로 살게 하는 것을 목적으로 하였습니다. 부흥사로 전성기는 60년대에서 80년대인 듯 생각됩니다. 이때 한국 교회가 가장 질적으로나 양적으로나

물적으로 성장하고 발전하였습니다. 그 시절의 성도들은 간절히 말씀과 은혜를 사모하였고 뜨거운 성령의 불을 받아 구령열에 불타는 마음으로 전도를 열심히 하여 개척 교회를 시작하면 대부분 성공하였고 대교회로 부흥한 교회들도 있었습니다.

부흥사들마다 말씀도 열심히 증거하고 찬송도 열심히 부르며 기도도 간절하게 하도록 하였고 안수도 열심히 하였습니다. 사도행전 8장 14절에서 17절까지 보면 빌립 집사님이 사마리아에서 전도하여 하나님의 말씀을 받았다 함을 듣고 베드로와 요한을 예루살렘 교회에서 보내매 그들이 내려가서 그들을 위하여 성령 받기를 기도하였는데, 말씀을 받았지만 아직 한 사람에게도 성령 내리신 일이 없고 오직 주 예수의 이름으로 세례만 받을 뿐이어서 이에 두 사도가 그들에게 안수하매 성령을 받는지라 하였고, 사도행전 19장 1절에서 7절 말씀에도 바울 사도가 에베소 교회를 방문할 때에 교인들을 향하여 너희가 믿을 때에 성령을 받았느냐 물을 때에 우리는 성령이 계심도 듣지 못하였다고 하였으며, 그때에 바울이 이르되 그러면 너희가 무슨 세례를 받았느냐 하니 요한의 세례라고 대답하였습니다. 그때에 바울 사도께서 이르시기를 요한이 회개의 세례를 베풀며 백성에게 말하되 내 뒤에 오시는 이를 믿으라 하였으니 이는 곧 예수라 하거늘, 그들이 듣고 주 예수의 이름으로 세례를 받으니 바울이 그들에게 안수하매 성령이 그들에게 임하시므로 방언도 하고 예언도 하였다고 하셨습니다.

제가 안성군 삼죽면에 있는 삼죽성결교회에서 부흥회를 인도할 때였습니다. 월요일부터 금요일 새벽까지 성회를 인도하는 시절인데, 초반에는 회개를, 중반에는 성령의 은혜를, 종반에는 교회 생활을 중심으로 성경 말씀을 가르치며 열심히 기도와 찬송을 하면서 은혜 받도록 힘을 다해 역사하였습니다. 부흥회를 인도하면 첫 시간부터 겸손한 마음과 사모하는 마음으로 참석하신 분들은 중반에 이르면 성령 충만과 은사들을 받는데, 더러는 첫 시간부터 은혜를 사모하는 것이 아니라 강사를 시험하며 비판하는 자세로 귀중한 시간을 헛되이 보내는 분들이 있었습니다. 그런 분들은 다른 분들이 성령을 받고 진동하며 방언을 하고 병 고침을 받는 은사가 나타나는 것을 보게 되면 종반에 가서 사모하며 노력하다가 충만한 은혜를 받지 못하고 부흥회를 마치고 말았습니다. 그런 현상을 삼죽성결교회에서 확실하게 알게 되었고, 강사는 은혜를 받으신 분들과 못 받으신 분들에 상관없이 성회를 마치면 가방을 준비하여 돌아올 수밖에 없었습니다. 성회를 마치기까지 교회 안에 있는 주택에서 숙식을 하였기에 방에서 홀로 가벼운 마음으로 택시가 오기를 기다리고 있을 때였습니다. 그 교회 창립 공로자로서 나이 지긋하신 권사님이 계셨는데, 이분은 종반에 은혜를 사모하며 힘썼지만 받지 못하신 분이었습니다. 권사님께서 강사 전송을 위해 주택으로 십여 명의 제직들과 함께 오셨는데, 은혜 받으신 분들이 기뻐하며 즐거워하는 모습을 보고는 제 방으로 들어오시더니 저의 발을 붙잡고 하시는 말씀이 성령 충만히 받도록 안수 기도를 부탁하며 사모하는 것이었습니다. 부흥회를 마치면 긴장이 풀리면서 피곤함을 느끼게 되고 또 큰 소리로 안수하게 되면 건넌방에 계시는 여러분들이 안수를 받으려고 몰려올 듯싶어서 권사님에게만 알아들을 수 있도록 안수 기도를 하는데, 그 시간에 권사님에게 성령이 임하시므로 진동하며 큰 소리로 방언도 하는 것이었습니다. 그렇게 기도하니 건넌방에 계신 분들이 모두 와서 은혜를 사모하는 것이었습니다. 저는 그 순간 피곤한 몸이 뜨거워지면서 새 힘이 솟아나 들어오신 분들마다 안수하니 성령이 임하시므로 오순절 다락방을 연상케 하였습니다.

이 부흥회 때에 중학생, 고등학생 청년들도 여러 분이 참석했는데, 대부분의 사람들이 큰 은혜를 받았습니다. 이때는 제가 평택교회에서 목회하던 때였습니다. 그 후 세월이 흘러 하나님의 섭리로 강릉교회에서 목회할 때였습니다. 한국 교회가 성장하게 되면서 교회 목사님들에게 학위 바람이 불었습니다. 석사, 박사 학위를 가진 분들을 목회자로 청빙하려고 하기 때문에, 신학대학을 졸업한 학사 가진 사람들을 위해 교단마다 목회대학원을 신설하여 목사 재교육이라는 명분으로 공부하게 하였습니다. 이 과정을 통해 석사 학위를 받으신 분들 가운데는 박사 과정에 진학하거나 해외 유학을 떠나는 분들도 있었습니다. 저도 석사 학위라도 받고 목회해야만 교회 앞에서나 대외적으로 도움이 될 것 같아 60대 초에 서울신학대학교 목회대학원에서 공부하게 되었습니다. 어느 날 독일에서 박사 학위를 취득하시고 서울신학대학 교수로 오신 유석성 목사님이 현대 신학을 두 시간 강의하시는데, 저는 그때 초면으로 강의를 열심히 주목하며 듣고 있었습니다. 그런데 교수님이 첫 시간에 계속 저를 주목하며 강의하시고 10분 동안 휴식할 때에 곧바로 저를 찾아와서 저의 어깨를 감싸시며 귀에 대고 목사님 존함이

▲ 서울신학대학 목회대학원 졸업식에서. 김순애 권사와 함께

어떻게 되십니까 하고 묻는 것이었습니다. 제가 이형구 목사라고 하였더니 그렇죠, 제가 목사님이 부흥회 인도하실 때 고등학생이었는데, 그때 성령을 충만히 받아 사명감에서 목사가 되었고 지금도 저의 어머니께서 목사님 이야기를 자주 하신다고 하는 것입니다. 그러고는 목사님 모시고 어머님과 제가 함께 언제 한번 식사 대접하겠다고 하셨습니다. 그 후 유석성 목사님은 서울신학대학교 총장을 연임하셨고, 지금은 안양성결신학대학교 총장으로 재임하고 계십니다. 그분이 바로 삼죽성결교회 출신으로 귀하게 주님의 사자로 쓰임 받는 것을 보면서 지난날의 역사를 더듬어 생각하며 하나님께 감사와 찬송을 돌리게 되었습니다.

(5) 보개감리교회에서의 성령의 역사

저는 부흥사로서 역사할 때 김형태 목사님으로부터 큰 교회나 작은 교회 차별하지 말고 똑같은 정성을 다하고 온 힘을 다해 역사할 뿐만 아니라 부흥회를 약속했으면 순서를 바꾸거나 큰 교회에서 초청한다고 작은 교회를 취소하고 약속을 파기하는 일을 절대 하지 말라는 권고를 받았습니다. 당시 부흥사들 가운데 부흥회 일자를 약속해 놓고서는 작은 교회는 취소하고 큰 교회를 선택하여 약속을 깨는 일로 특히 농촌 교회에서 헌신하고 계시는 목사님들에게 상처를 주는 일이 간혹 있었습니다.

보개감리교회는 작은 마을에 세워져 있었고, 2~3㎞ 떨어진 동네에서 오신 분들도 더러 계셨습니다. 제가 그 교회에 초대를 받고 부흥회를 인도하기 위해 가서 보니 50평쯤 되는 교회당을 새로 지었으나 창문도 달지 못하고 마루 공사도 하지 못하여 거적을 깔고 앉아 예배를 보고 있었습니다. 전도사님이 교회를 섬기고 있었습니다. 첫날밤에 은혜 받기 위해 참석하신 분들은 50여 명 정도였습니다. 첫날밤과 새벽 예배를 열심히 인도하였습니다. 새벽 예배 후 전도사님과 아침 식사를 하는데, 갑자기 전도사님께서 무릎을 꿇고 정중하게 요청하시는 말씀이 목사님, 이번 부흥회를 끝까지 인도해 주세요 하셨습니다. 왜 그런 말씀을 하십니까, 강사가 부흥회를 인도하러 왔으면 당연히 끝까지 인도해야지요, 그랬더니 하시는 말씀이 두 달 전에 서울에서 목회하시는 목사님을 부흥회 강사로 모시고 부흥회를 하였는데, 첫날밤과 새벽 예배 두 시간

인도하시고는 우리 교회 새벽 예배 참석하는 숫자보다도 적게 모인다고 하면서 가방 들고 가버렸다는 것이었습니다. 행여 저도 그럴까 염려가 되어 부탁한 것이었습니다. 전도사님, 걱정하지 마시고 우리 함께 열심히 부흥회 인도하십시다 하며 위로하고 더욱 새로운 마음으로 온 정성을 다하였는데, 제가 부흥회를 인도한 교회 가운데 가장 성령의 역사가 나타난 것으로 그 기억이 역력합니다.

목요일 낮 시간이었습니다. 오순절의 은혜라는 제목으로 설교를 마친 후 통성 기도를 하는데, 갑자기 한 자매님이 일어나 불이야 물 가져와, 불이야 물 가져와를 거듭 외치며 기도하는 것입니다. 전 교인이 일어나 불이야, 불이야 하면서 거적을 던지고 두들기면서 방언들을 하였습니다. 그날 중풍병자가 한 분 참석했는데, 그분도 은혜를 받아 병이 깨끗이 낫게 되었습니다. 저는 불붙을 바에는 더욱 뜨겁게 역사가 나타나기를 위하여 더욱 기도와 찬송에 열심을 냈습니다. 중풍에서 나음을 받은 자매님은 교회에서 300m쯤 떨어져 있는 동네에서 7, 8명의 교인들과 함께 지팡이를 짚고 사람들의 도움을 받으며 참석한 분이었습니다. 그분이 그날 예배 후에 깨끗이 나으므로 그 동네에서 나오신 분들이 그분을 앞세우고 성령이 오셨네, 성령이 오셨네 찬송을 부르며 춤추면서 자기들 사는 동네로 들어갔습니다. 그날 밤 그 동네 사람들이 그 소식을 들었고, 새 신자들이 교회에 앉을 자리가 없을 만큼 많이 모여 왔습니다. 그 후 이 교회에 다섯 번이나 부흥회를 인도하였으며, 그 교회가 부흥하여 이웃 동네에 두 교회를 개척하여 세웠다는 소식을 들었습니다.

23. 세계 선교

(1) 세계 선교의 사명

저는 신학을 할 때나 전도사로 목회할 때 그리고 목사로서 목회함과 동시에 국내에서 부흥사로서 헌신할 때에 설영애 사모님에게 예언을 받은 대로 만국 사명자로서 택하여 귀하게 사용하신다는 말씀을 항상 잊지 않고 기도하며 지냈습니다. 그러던 중에 대전 인동성결교회에서 목회하고 있을 때였습니다. 그해는 1979년도로 기억하고 있습니다. 김형태 목사님께서 미국 뉴욕에서 사명자 성회가 있는데 같이 가자고 하시는 것입니다. 그리고 사명자 성회뿐만 아니라 캐나다 토론토 한인교회와 뉴욕 사명자 성회를 주관하고 계시는 임은영 목사님이 시무하시는 후러싱교회 그리고 시카고 한인교회 세 곳 부흥회를 인도하게 되었으니 준비하라는 것이었습니다. 그 말씀을 듣고 예언의 말씀이 응하는구나 하고 감사하는 마음으로 준비하였습니다. 그때 동행한 분이 저 이외에 고용일 목사님이셨습니다. 뉴욕에 도착하여 사명자 성회에서 더욱 은혜를 받고 약속된 교회들을 다니면서 부흥회를 마치고 돌아왔습니다.

뉴욕 후러싱교회를 담임하고 사명자 성회를 주관하신 임은영 목사님은 인천 학익감리교회에서 목회하시다가 뉴욕으로 이민 목회를 하게 되셨는데, 인천에 계실 때에 김형태 목사님을 모시고 자주 부흥 성회를 하셨을 뿐만 아니라 저도 강사로 초대하여 주셔서 부흥회를 인도한 바 있었습니다. 미국과 캐나다 세 곳 성회를

▲ 나이아가라 폭포에서 고용일 목사님과 함께
(왼쪽이 고용일 목사님, 오른쪽이 필자)

마치고 돌아오기 전 임은영 목사님께서 자기 교회 부목사로 청빙하겠으니 한국에 가지 말고 머물러 있으면 가족들은 미국으로 이민하여 영주할 수 있도록 하겠다는 것이었습니다. 그 시절은 미국이 동경의 대상이었고, 한국의 목회자들 가운데는 길만 있으면 이민 목회하려는 분들이 많았습니다. 저는 대답을 못하고 웃으면서 저를 사랑하시고 그렇게까지 생각해 주시니 감사합니다, 기도해 보겠습니다 한 다음, 며칠 후 김형태 목사님께 물었습니다. "임은영 목사님께서 부목으로 일하자고 하시는데, 기도해 보겠습니다라고 대답했습니다. 어떻게 할까요?" 목사님은 이번에는 한국으로 돌아가고, 두 번째 와서 결정하라고 하셨습니다. 그 후 임 목사님께서 다시 말씀하셔서 이번에는 한국으로 돌아가야 하겠습니다, 다음에 와서 확답을 하겠습니다고 하였습니다.

▲ 도쿄 성서학원에서

　만국 사명자로서 첫 번째 선교 여행을 1개월쯤 교회를 떠나 있으면서 온 정성과 힘을 다해 역사하였는데, 그 후 미국 선교의 길이 열렸고 처음에는 이민 목회자들이 부럽기도 하였습니다. 하지만 깊은 사정을 살펴보니 이민 목회자들 가운데 후회하고 어려움을 겪고 있는 분들이 많다는 것을 알 수 있었고, 어떤 경우에는 한국으로 다시 돌아오고 싶어 하는 목사님들도 계셨습니다. 지금 와서 생각해 보면 그 당시 두 번째 와서 이민 목회를 생각해 보고 결정하라는 말씀이 저의 일생을 사명 차원에서 지혜롭게 지도해 주셨다는 것을 깨닫게 됩니다. 감사드리지 않을 수 없습니다.

(2) 태국 선교

태국 사명자 성회 1차 부흥회 때에 김형태 목사님께서 저에게 동행하자고 하셨습니다. 말씀에 순종하는 마음과 성회를 수종 들 뿐만 아니라 은혜 받을 좋은 기회라 생각하여 김형태 목사님과 함께 태국에 도착하니 김용식 목사님과 사모님이 반갑게 맞이해 주셨습니다. 김용식 목사님은 성결교회 목사로서 군목 생활을 마치고 선교사로 파송 받으셨고, 사모님은 제가 평택교회에서 목회할 때 안성성결교회 주일학교 교사로서 주일학교 교사 수련회에 참석할 때부터 알고 지낸 분이었습니다. 반갑지 않을 수 없었고 친절하게 지내면서 사명자 성회를 도우며 은혜를 받았습니다. 제1차 사명사 성회는 현지 태국 목사님들이 50여 명 참석하였습니다. 저에게 밤마다 후집회의 인도를 맡겨 주셔서 찬송과 기도를 통하여 힘 있게 인도하였습니다.

사명자 성회를 마친 후, 방콕 교외에 있는 액션시티라고 하는 곳을 방문하였습니다. 거기에는 아시아권의 모든 우상들을 조각하여 형상화된 것들이 세워져 있었는데 마치 대공원처럼 보였습니다. 수천 종류의 우상들이 여기저기 세워져 있었는데, 김형태 목사님께서 이 목사라고 부르시면서 요놈이 여기에 숨어 있네 하십니다. 그것은 형상으로 조각된 일곱 머리 붉은 용이었는데, 30m쯤 되어 보였습니다. 목사님께서는 요한계시록 12장 3절에 기록된 일곱 머리 붉은 용이 있는데, 지구상의 어딘가에 그림으로든지 조각으로 든지 암자와 사찰이나 사탄을 배경으로 한 이교들 가운데 사탄이 자기 계시하였을 것으로 보시고 성경을 연구하고 깨닫기 위하여 그것에 계속해서 관심을 가져 오셨던 것입니다. 목사님께서는 그것 을 보시고는 저를 불러 보게 하시고 성경 말씀과 관련하여 설명하여 주셨습니다. 또 한 가지 의미 있는 것을 보았는데, 아담과 하와가 일곱 머리 용에게 미혹을 받아 타락한 조각품이었습니다.

태국 1차 선교 여행을 마치고 돌아올 때에 강사님은 저에게 만국 사명자로서 여러 나라에 다니면서 역사하는 것도 귀한 일이지 만, 대만이든 태국이든 한 나라를 복음화 하는 데 전적으로 책임지 고 헌신하였으면 한다는 격려의 말씀도 하셨습니다. 그 후 사명감을 가지고 태국 선교에 집중하였습니다.

(3) 태국 차이야 교회 봉헌

태국에서 부흥회를 자주 인도하던 중 제가 시무하는 강릉교회 창립 70주년을 맞이하여 성대히 기념예배를 드릴 뿐 아니라 기념사 업도 하게 되었습니다. 그 가운데 하나가 태국에 교회를 세우는 일이었습니다. 당시 저는 저의 교단 총회 선교국장과 태국 선교사이 신 김용식 목사님과 의논하였습니다. 두 분이 차이야 시에서 열심히 헌신하여 역사하고 계시는 타원 목사님과 연결시켜 주셔서 2층으 로 아름다운 교회를 세우게 되었습니다. 강릉교회 제직 여러 분과

▲ 태국 차이야 교회 기공식

▲ 차이야 교회 봉헌(타원 목사 담임)

함께 기공예배를 드렸고, 완공된 후 1995년 8월 15일에 봉헌예배를 드렸습니다. 타원 목사님이 지금까지 기쁨과 감사하는 마음으로 열심히 목회하며 충성하고 있습니다.

타원 목사님은 태국 제1차 사명자 성회 때부터 참석하신 분으로 성령 충만과 말씀 충만으로 차이야 교회는 물론 동남아 여러 나라에 다니면서 선교도 하고 있습니다. 제가 은퇴하기까지 해마다 차이야 교회를 중심으로 하여 강릉교회 해외 선교부의 노력으로 사명자 성회를 개최하였고, 지금도 강릉교회에 부임하신 이상진 목사님이 계속 후원하면서 선교하고 있습니다.

(4) 중국 봉성교회 봉헌

중국이 개방되면서 선교의 문이 열렸습니다. 제가 섬기는 강릉교회 권사님의 오빠 되시는 박영식 목사님께서 미국 시민권을 가지고 미국 시카고 한인교회로부터 중국 선교사로 파송 받아 역사하시되 북한 선교에도 깊은 관심을 가지고 수고하시다가 강릉이 고향인 까닭에 저희 교회를 방문하게 되었습니다. 저는 선교사님과 교제하면서 자연스럽게 중국 선교와 북한 선교에도 관심을 갖게 되었습니다. 선교사님은 중국 선교와 북한 선교에 특별히 사명을 품고 역사하고 계셨고, 압록강 다리를 국경으로 하고 있는 단동시를 거점으로 바로 보이는 북한 땅 신의주를 바라보면서 선교를 지혜롭게 하고 있었습니다.

처음에는 저 혼자서 중국 선교를 위하여 지하교회 또는 삼자교

▲ 중국 봉성교회 전경

회라 불리는 북경시와 심양시, 곤명시와 단동시의 여러 교회를
방문해서 조심하면서 부흥회를 인도하였습니다. 어떤 교회에서는
공산당에게 발각되면 붙들려가기도 하고 벌금을 내야 한다고 하여
한두 사람이 교회의 문을 지키면서 설교하기도 하고, 혹은 과수원
농장을 경영하는 농민으로 신분을 감추고 선교하는 교회에서는
과수원 깊은 곳에서 집회를 하기도 하였습니다. 혹은 해발 3000m
고지에서 농장을 경영하는 농민으로 신분을 감추고 수고하시는
교회에서 부흥회를 인도하기도 하였습니다.

한 번은 심양시에 있는 30평쯤 되는 3층 아파트를 교회로 하여
인도하고 계시는 김세윤 장로님을 소개받고 그 교회에서 집회를
가졌습니다. 장로님은 3대 교민으로서 할아버지 때부터 기독교

가정이었다고 합니다. 김 장로님은 성결교회 부흥사 이성봉 목사님이 일제 강점기에 전도하여 교회를 세웠는데, 공산당으로 인하여 교회가 없어졌다고 하면서 이제 개방되어 종교의 자유를 만나 성결교회를 복원하게 되었다고 하셨습니다. 그 교회에서 더욱 감격했던 것은 80이 넘은 할머니 세 분이 이성봉 목사님의 전도로 예수 믿고 세례도 받았다고 하면서 그 당시 불렀던 복음성가를 부르는데 얼마나 은혜가 되는지 시간 가는 줄도 모르고 깊은 밤 시간까지 기도하며 찬송하였습니다.

봉성시는 압록강 변의 단동시와 접경지였습니다. 박영식 선교사님과 김세윤 장로님께서 봉성시의 교회에 교인들이 10여 명 모이고 있는데, 그곳에 교회를 세워 주시면 감사하겠다고 부탁하셨습니다. 그리하여 강릉교회 선교부의 협력과 특별히 강현규 장로님과 이창하 장로님의 헌신으로 봉성교회를 세우고 2004년 5월 12일에 봉헌하였습니다. 봉성교회는 지금은 대교회로 성장하였고 신학교도 경영하며 일꾼들을 많이 일으키고 있습니다.

24. 사명자 성회의 중요성

김형태 목사님께서 사명자 성회라는 이름으로 집회를 처음 인도하신 것은 서울 삼각산 성굴에서입니다. 이 굴은 처음에는 7명 정도 모임을 가질 수 있는 작은 굴이었습니다. 이 굴을 감리교 장세각 목사님이 혼자서 기도처로 사용하던 중 어느 날 성령의 감동으로 삼각산 정상에 다섯 평 정도의 돌담집을 짓고 지내셨습니다. 집 옆에는 한반도 지도와 같은 제법 큰 바위가 있었는데, 남북한으로 나누어진 것처럼 바위가 두 쪽으로 되어 있어 민족굴이라 이름 짓고 민족 통일을 위해 기도하는 기도처로 사용하고 있었습니다. 저도 몇 차례 그곳을 방문하였고, 그곳 모임에도 참석하였으며, 그분이 사용했던 굴을 제가 사용하게 되었습니다. 그 후 김형태 목사님께서 굴에 오셔서 서울의 뜻 있는 성도님들의 도움으로 그 굴을 확장하였고 성굴이라 이름 짓게 되었습니다. 거기서 20여 명 모여서 성경 공부도 하고 밤이면 산의 여기저기에 흩어져 마음껏 큰 소리로 기도하며 지내게 되었습니다. 김형태 목사님은 이곳에서 매월 첫 주간에 사명자 성회를 인도하셨으며, 많은 주의 종들과 성도들이 은혜를 받았습니다.

김형태 목사님께서는 일평생 성도들에게 은혜 받도록 부흥회도 많이 하셨지만, 특별히 사명자 성회를 중요하게 여기시고 국내외에서 셀 수 없이 많은 성회를 위하여 헌신하셨습니다. 제가 30세쯤 될 때로 기억됩니다. 선생님께 왜 사명자 성회를 그처럼 중요하게 여기십니까 하고 물은 일이 있었습니다. 그때 하시는 말씀이 목사님 100여 명이 모여 은혜 받으면 목사님 한 분이 신자 100명 정도를 인도한다고 생각하면 결국 10,000명이 은혜 받는 것과 같다고 하시면서 목사가 바로 살아야 성도가 바로 살게 되고, 목사가 바로 서야 교회가 바로 서게 된다는 말씀을 하셨습니다.

제가 금산교회에서 평택교회로 부임한 것도 평택교회 담임목사님이셨던 한문근 목사님께서 사명자 성회를 인도하시다가 서울로 전임하셔서 뒤를 이어 사명자 성회를 주관할 만한 목사님을 찾았고, 그러는 가운데 목사님께서 저를 추천하셨기 때문입니다. 평택교회의 서 장로님 내외분께서 주님의 계시를 받고 금산에 오셔서 하시는 말씀이 독수리가 목사님을 업고 평택교회로 옮기는 꿈을 꾸었다고 하시면서 청빙을 하는 것이었습니다. 저는 그때 농촌 교회에서 목회하다가 역사와 전통이 있는 자립하는 교회에 와서 충성되게 역사하므로 교회가 부흥하고 온 교회 성도님들의 사랑을 받고 있었습니다. 그러나 금산교회 장로님들과 성도님들의 완강한 반대에도 불구하고 사명자 성회를 주관하는 교회에 부임하면 주님께 더욱 영광 돌리는 일이라 생각하고 평택교회에 부임하게 되었던 것입니다.

몇 년 동안은 사명자 성회를 주관하였습니다. 하지만 끝까지 그 교회에서 사명을 감당하며 은퇴했어야 하는데 여의치 못했습니다. 그러나 사명자 부흥 성회를 중요하게 여겨 교회 사정으로 계속하지 못할 때에는 임마누엘선교회의 이름으로 고용일 목사님과 제가 기도원을 임대하여 여러 곳에서 김형태 목사님을 강사로 모시고 헌신하여 역사한 일도 있었습니다.

한 교회에서 은퇴하시기까지 사명자 성회를 해마다 주관하시면서 많은 목사님들과 전도사님들에게는 물론 청소년들에게 은혜받게 하여 주님께 헌신하는 주의 종들을 무장시키고 배출하는 귀한 사명을 감당하신 홍성교회 송헌빈 목사님과 서울 이종구 목사님, 그리고 원주교회 유세림 목사님께 이미 고인들이 되셨지만 존경과 감사하는 마음을 갖지 않을 수 없습니다. 그 외에도 국내외에서 계속 사명자 성회를 중히 여겨 헌신하신 분들이 많이 계셨습니다. 또한 자손들이 그 뒤를 이어 사명자 성회를 주관하는 것을 보면서 역시 존경과 감사를 드리며 기도하게 됩니다.

그리고 아버지 김형태 목사님의 뒤를 이어받아 국내외에서 사명자 성회를 위해 충성되게 역사하고 계시는 설영애 사모님과 김성철 목사님을 보면서 우리 주님 재림하시는 그날까지 사명의 동지들이 많이 일어나기를 간절히 기도합니다.

이형구 목사 이력

학력

순창고등학교 졸업

전남대학교 중퇴

순복음신학교 수료

성결신학대학교 졸업

서울신학대학교 목회대학원 졸업

Faith School of Theology 명예박사

목회

예수교장로회 산내교회 전도사

기독교대한성결교회 충서지방회 전동교회 전도사

기독교대한성결교회 충남지방회 동면교회 시무 시 목사 안수

기독교대한성결교회 충남지방회 금산교회 시무

기독교대한성결교회 경기지방회 평택교회 시무

기독교대한성결교회 대전지방회 인동교회 시무
기독교대한성결교회 대전지방회 제일교회 시무
기독교대한성결교회 강원동지방회 강릉교회(20년
시무 후 원로목사로 은퇴)

교단봉사

충남지방회장

경기지방회장

대전지방회장

강원동지방회장

총회청소년부장

총회선교부장

총회 이단사이비대책위원장

총회 목사고시 위원

서울신학대학교 감사

총회 중부지역총회장

사회봉사

금산경찰서 경목실장

금산 기독교연합회장

평택경찰서 경목실장

평택 기독교연합회장

대전경찰서 경목

강릉경찰서 경목실장

강릉 기독교연합회장

CBS 영동방송국 이사회 의장

관동대학교 강사

선교

임마누엘선교회 총무

성산세계선교회 자문

기독교대한성결교회 부흥사회 자문

한국기독교연합부흥사회 선교부장

국내외 부흥회 및 사명자 성회(한국, 미국, 캐나다,
중국, 러시아, 필리핀, 대만, 일본, 아르헨티나, 태국
등에서 인도함)

은퇴 후 역사

대전 임마누엘기도원 원장

대전 시내 4개 지역에서 사명자 성회

부흥회와 사명자 성회(중국을 중심으로 헌신)

ⓒ 이형구, 2018

천국의 이정표

초판 1쇄 발행 | 2018년 11월 6일
    2쇄 발행 | 2021년 10월 6일

지은이 이형구
펴낸이 조기조
펴낸곳 도서출판 b | 등록 2006년 7월 3일 제2006-000054호
주소   08772 서울특별시 관악구 난곡로 288 남진빌딩 302호
전화 02-6293-7070(대)
팩시밀리 02-6293-8080 | 홈페이지 b-book.co.kr
이메일 bbooks@naver.com

ISBN 979-11-87036-67-8 03200

값 | 12,000원

* 이 책 내용의 일부 또는 전부를 재사용하려면 저작권자와 도서출판 b의 동의를 얻어야 합니다.
* 잘못된 책은 교환해 드립니다.